정재승 글

KAIST에서 물리학으로 학사, 석사, 박사 학위를 받았습니다. 예일대학교 의과대학 정신과 박사후 연구원, 고려대학교 물리학과 연구교수, 컬럼비아대학교 의과대학 정신과 조교수를 거쳐, KAIST 뇌인지과학과 교수와 융합인재학부 학부장을 맡고 있습니다. 주된 연구 주제는 의사 결정의 신경 과학, 뇌-로봇 인터페이스, 정신 질환의 대뇌 모델링, 대뇌 기반 인공 지능이며, 다보스 포럼 '2009 차세대 글로벌 리더', '대한민국 근정포장'을 수상했습니다. 저서로 《정재승의 과학 콘서트》(2001), 《열두 발자국》(2018) 등이 있습니다.

차유진 글

과거 엄청난 사건으로 엉망이 되어 버린 아우레를 어떻게 하면 멋진 행성으로 되돌릴 수 있을까, 매일 고민하는 걱정쟁이 소설가. 계원예술대학교와 한국콘텐츠진흥원 등에서 스토리 작법을 가르쳤고, 〈레너드 요원의 미스터리 보고서〉 시리즈를 기획했습니다. 〈애슬론 또봇〉, 〈정글에서 살아남기〉, 〈엉뚱발랄 콩순이와 친구들〉 등 다수의 TV 애니메이션 시나리오를 쓴 건 비밀 아님. 《알렉산드로스, 미지의 실크로드를 가다》(2012), 《우리 반 다빈치》(2020) 등 여러 권의 책을 펴냈습니다.

김현민 그림

일찍이 유럽으로 시장을 넓힌 대한민국의 만화가. 대학에서 산업디자인을 전공한 뒤 어릴 때 꿈을 찾아 만화가가 되었습니다. 프랑스 앙굴렘 도서전에 출품한 것을 계기로 프랑스 출판사에서 《Archibald 아치볼드》라는 모험 만화를 만들고 있습니다. 인간이 아닌 괴물이나 신기한 캐릭터 등 상상력을 발휘할 수 있는 그림을 좋아합니다. 지구와 아우레를 오가며 재미있는 그림을 그리느라 몸은 지구에서 벗어날 수 없지만, 머릿속은 항상 우주의 여행자가 되고 싶은 히치하이커.

백두성 감수

고려대학교에서 지질학으로 학사, 고생물학으로 석사 학위를 받고 박사 과정을 수료했습니다. 2003년 서대문자연사박물관 건립부터 학예사로 활동하였고, 2013년부터는 전시교육팀장으로 지질 분야 전시 및 교육, 광물과 화석에 대한 기획전을 개최했습니다. 도서관 과학 강연 "10월의 하늘"과 어린이책 감수를 통해 대중에게 과학을 알려 왔습니다. 노원천문우주과학관 관장으로 우주를 연구하다, 현재는 기업 그래디언트에서 인공 지능을 이용해 과학을 쉽게 전달할 플랫폼을 개발하고 있습니다.

어린이를 위한 호모 사피엔스 뇌과학

정재승의 인류 탐험 보고서

7 수군수군 호모 사피엔스

글 차유진 정재승 | 그림 김현민 | 감수 백두성

아울북

펴내는 글

《인류 탐험 보고서》를 시작하며

시간 여행으로 지구의 과거들을 넘나들며 좌충우돌 탐험하는 라후드와 라세티의 매력 속으로

 《정재승의 인간 탐구 보고서》, 재미있게 읽고 있나요? 아우레 행성에서 온 아우린들과 함께, 우리 '인간'들을 잘 관찰하고 있지요? 외계인의 눈으로 인간을 탐구하는 세상의 모든 독자 여러분들께 머리 숙여 진심으로 감사드립니다. 꾸벅.

 많은 독자들이《인간 탐구 보고서》를 읽고 또 즐겨 주시면서 라후드의 인기가 점점 치솟고 있습니다. 아우레 행성의 외계문명탐험가 라후드는 볼수록 매력적입니다. 빨리 걷는 건 너무 싫어하고요, 그냥 가만히 앉아서 생각하는 것을 훨씬 더 좋아하죠. '인간들은 참 이상하다'고 투덜거리면서도, 항상 인간에 대한 호기심으로 가득 차 있고 심지어 인간들을 점점 닮아갑니다. 이미 입맛은 거의 지구인일걸요! 게다가 매사 합리적인 아우린이지만, 점점 감정적인 인간들에게 조금씩 끌리는 것도 같습니다. 이 덩치 큰 허당 외계인 라후드는 인간을 관찰하면서 인간들을 더 깊이 이해하고 결국 사랑하게 되지 않을까 조심스럽게 기대하게 되는, 정이 가는 외계인입니다.

라후드의 조상을 만나다

그래서 저희가 라후드를 사랑하는 독자분들을 위해 '선물'을 드리는 마음으로 《인류 탐험 보고서》를 출간하게 됐습니다. 아우레 행성의 탐험가들은 어떻게 해서 우리 곁에 오게 됐는지 그 과거로의 여행을 보여 드리고자 합니다. 원래 아우레는 인공 항성을 만들어 에너지를 얻고 공간을 관통하는 웜홀도 자유자재로 생성해 내어 다른 은하계까지 마음대로 여행할 수 있을 만큼 놀라운 문명을 가지고 있었거든요. 그런데 지구에서 데려온 생명체 '쿠'라는 녀석 때문에 한순간 아우레 행성은 멸망의 위기에 빠지고 말죠. 결국 아우레를 구하기 위해 라후드의 조상 라세티는 300만 년 전 지구로 떠나게 됩니다.

수만 년 전 혹은 수백만 년 전, 지구는 어떤 모습이었을까요? 그 속에서 인류의 조상들은 어떻게 살고 있었을까요? 외계인들도 신기하지만 그 시기의 인간 조상들도 매우 낯설게 느껴지겠지요? 《인류 탐험 보고서》에서는 원시적인 인류의 조상 호미닌들을 만난 최첨단 시간여행 탐험가 아우린들의 흥미로운 모험담이 펼쳐집니다.

뇌과학에서 생물인류학으로

《인간 탐구 보고서》에서 아우레 탐사대와 함께 지구인들을 관찰하면서 뇌과학의 정수를 맛보고 계신 독자분들께 이번에는 '생물인류학'을, 좀 더 정확하게 말하자면 '고고신경생물인류학'이라는 학문을 소개하려고 합니다. 라후드의 조상 라세티가 우주선을 타고 시간 여행을 하면서 지구에서 만나게 되는 건 지금의 우리가 아니라 우리의 조상들이니까요.

  이 책에선 라후드의 조상만이 아니라 우리의 조상들이 등장합니다. 지금의 인간이 아닌, 수만, 수십만, 수백만 년 전의 호미닌(Hominin, 현생인류 혹은 현생인류와 가까운 근연종들을 일컫는 말)은 어떤 뇌를 가지고 있었으며, 어떻게 진화해 지구에 생존하게 됐는지 뇌과학적이면서도 인류학적인 관점에서 보여 드릴 겁니다. 또 신경생물학적인 원리들을 이용해서 인류의 과거를 머릿속으로 '상상'해 내는 과정을 여러분들에게 직접 보여 드릴 거예요. '고고신경생물인류학'이라니, 이름만 들어도 무지 어렵고 복잡하고 무시무시해 보이지만, 실제로 이 학문을 통해서 우리는 수만 년 전의 인간이 어떻게 살았는지에 대해 흥미로운 답을 찾아낼 수 있습니다.

역사를 좋아하는 어린이들과 청소년들에게 상상력을!

  《인류 탐험 보고서》는 뇌과학을 좋아하는 어린이들만이 아니라 역사를 좋아하는 청소년들까지도 즐길 수 있는 책일 거라 확신합니다. 역사는 인문학이고 과학과는 상당히 멀게 느껴지지만, 사실 역사야말로 굉장히 과학적인 학문이에요. 역사적인 사료나 그 시기의 작은 단서들만으로 인류 조상들이 수만 년 전에 어떻게 살았는지 머릿속으로 상상하고 역사적인 사실을 복원해 내거든요. 그러기 위해서는 그 시절에 사용했던 그릇 하나로 그 시대 사람들의 일상을 추적하는 과학적인 사고가 매우 필요합니다. 그래서 저는 '생물인류학'이야말로 그 어떤 학문들보다도 근사한 과학이라고 생각합니다. 여러분들이 이 책을 통해 그 과학의 정수를 맛보았으면 좋겠습니다.

이 책에 등장하거나 묘사되는 인류 조상들의 모습은 우리가 정답처럼 받아들여야 하는 절대적인 사실 혹은 진리가 아닙니다. 현재 남아 있는 뼛조각, 두개골의 모양, 그리고 그들이 남겨 놓은 유적과 유물, 이런 작은 단서만으로 "그 당시 인류는 이렇게 살았을 것이다."라고 추측한 것일 뿐입니다. 잘못된 부분이 있다면 여러분들이 고쳐 주세요. 오늘날의 과학 수사대가 사건 현장의 단서만으로 범인을 추적하는 것처럼, 여러분들 모두가 생물인류학 '탐정'이 돼서 과거 조상들을 머릿속으로 그려 보고 중요한 단서들을 해석해 주세요. 저는 그 상상력의 힘이 여러분들을 훌륭한 과학자의 길로 인도하리라 믿습니다.

우리는 어디서 왔을까? 우리 문명은 어떻게 가능했을까?

최근에 뇌과학자들은 우리 인간들과 다른 유인원들 사이의 흥미로운 차이점을 발견했습니다. 우선 놀랍게도, 두세 살 정도의 어린 시절에 우리 인간들은 대형 유인원들, 그러니까 오랑우탄이나 침팬지, 고릴라 같은 존재들과 지능적으로는 별로 차이가 없다는 것입니다. 그들도 우리 못지않게 지능적으로 발달해 있고, 우리만큼 여러 가지 지적인 행동들을 한다고 합니다.

그렇다면 어떻게 우리는 이렇게 거대한 지적 문명을 이루고 복잡한 현대사회를 만들어 냈을까요? 또 호모 네안데르탈렌시스나 호모 에렉투스, 호모 하빌리스 같은 우리의 가까운 친척들은 왜 지금까지 생존하지 못하고 모두 멸종했을까요?

이 질문에 단서를 찾기 위해서는 과거 호모 사피엔스들의 뇌가 대형 유인원들과 무엇이 달랐고, 또 이미 멸종한 다른 호미닌들과는 무엇이 달랐는지를 찾아봐야겠죠. 흥미로운 것은 우리가 그들보다 뇌의 크기가 커서 이렇게 근사한 문명을 만들어 낸 줄 알았는데, 사실 뇌의 크기는 중요한 게 아니었다는 겁니다. 오히려 서로 흉내 내고 함께 도와주면서 사회적으로 학습하는 능력, 그러니까 내가 알고 있는 걸 친구들에게 가르쳐 주고, 내가 모르는 걸 친구들로부터 배우면서 같이 협력하는 것이 약하디약한 인간이 이 위대한 문명을 만드는 데 아주 결정적인 기여를 했다는 걸 과학자들이 조금씩 알게 됐습니다.

저는 이런 인류의 진화 과정을 어린이들과 청소년들에게 가르쳐 주고 싶었어요. 인류에게 지난 수십만 년 동안 벌어져 온 일들이 지금도 여러분들의 뇌에서 벌어지고 있다는 걸 일러 주고 싶었어요. 그렇게 친구들끼리 서로 돕고 함께 학습하는 능력이 우리 호모 사피엔스의 위대함이라는 사실을요!

생물인류학으로 다시 만든 과거 속으로!

《인간 탐구 보고서》가 현재 우리의 모습을 이해하기 위해 뇌과학과 심리학의 입장에서 우리의 현재 모습을 낯설게 관찰하기를 시도했다면,《인류 탐험 보고서》에선 여러 유인원들 중에서 오직 호미닌만이, 그중에서도 호모 사피엔스만이 고도의 문명을 이루게 된 배경을 외계인의 시선으로 다시 한번 들여다볼 예정입니다.

아주 낯선 인류 조상과 친숙하면서도 낯선 외계인들의 만남이 만들어 낼 좌충우돌 이야기 속에서 우리의 과거를 흥미롭게 만나 보시길 기대합니다. 사랑스런 라후드의 조상이 시간을 거슬러 탐험하는 과정에서 여러분도 인류의 과거를 발견하고 탐험하게 될 것입니다.

저는《인류 탐험 보고서》에서 세상의 모든 어린이들과 청소년들이 '보이지 않는 과거를 과학적으로 상상하는 능력'을 가졌으면 좋겠습니다. 그것이 우리 삶을 더욱 풍성하게 해 줄 것입니다. 138억 년 동안 진화해 온 우주 속에서 100년 남짓 살아가는 작은 생명체 지구인들이 누릴 수 있는 가장 고상한 경험은 '수십만 년 동안 살아온 인류의 과거를 생생하게 상상하는 경험'일 테니까요.

자, 함께 탐험을 떠나 보자구요!

정재승 (KAIST 뇌인지과학과+융합인재학부 교수)

차례

프롤로그 14
포로가 된 말더

에필로그 134
새로운 탐사대장 인피니티?

캔의 탐사일지 140
일곱 번째 보고서, 4만 년 전 지구에서 수다 떨다

🔥1화 **내 이름은 말마따** ········· 24

🔥2화 **쿠에게 가는 길** ········· 40

🔥3화 **라세티, 신이 되다!** ········· 58

🔥4화 **범인은 누구?** ········· 80

🔥5화 **사자 신의 전설** ········· 98

🔥6화 **낭만이 흐르는 밤** ········· 118

훨씬 위대한 ~~라세티~~ 캔의 모험
by 캔

우하하하하! 내가 왜 이렇게 기분이 좋냐고?
바로 나의 원수, 못된 말더를 붙잡았으니까!
앞으로 이 녀석을 어떻게 괴롭혀 줄지 정말 기대되는데?

그렇지만 심각한 문제도 있어.
바로 더 이상 쫓아갈 쿠의 단서가 없다는 거 말이야.
이젠 어느 시대로, 어느 지역으로
갈지도 모르겠다고!

인피니티도 우주 최고 인공 지능 슈퍼컴퓨터라더니,
별로 도움이 되지 않고 말이야. 정말 똑똑한 거 맞아?

앗! 너희 지금 내가 또 투덜거린다고 생각했지?!
에잇, 알았어. 탐험 이야기를 해 주면 될 것 아니야!

자, 그동안 우리한테 무슨 일이 있었냐면….

내 이름이 **캔**이라는 건 모두 알고 있지?
이 몸은 (가~끔은 속기도 하지만) 남의 거짓말을 꿰뚫어 보는 대단한 눈썰미를 갖췄어.
(조~금 시간이 걸리긴 해도) 내 잘못을 인정할 줄 아는 멋진 아우린이기도 하고 말이야.
미적 감각은 두말하면 입 아프지! 화려한 장신구 만드는 데도 천부적인 소질이 있단 말씀.
어때, 내 매력 좀 더 들어 볼래?

내 친구 **라세티**는 너무너무 단순해!
아무리 못된 짓을 한 녀석이라도 잠깐 함께 있으면 다 친구가 됐다고 생각한다니까!
뭐, 너무 순진한 성격은 흠이지만 라세티의 풍성하고 부드러운 털 하나만큼은 우주 최고야.
푹신한 털을 쓰다듬다 보면 잠이 솔솔 온다고.
그런데 이번에 이 털 때문에 엄청 웃긴 일이 생겼지 뭐야?

빠다 관장님은 우주 최고의 천재 과학자야. 하지만… 충격을 받으면 바보가 되는 병 때문에 비상한 두뇌를 뽐낼 때보다 횡설수설할 때가 더 많은 것 같아.
게다가 이번엔 바보병 말고 또 다른 문제가 나타나 버렸어!

쿠슬미는 엔지니어라서 그런지, 흥미로운 기계를 보면 바로 분해해서 내부 구조를 구경하는 습관이 있어. 지금껏 그렇게 망가져서 버려야 했던 내 도구들이 얼마나 많은지… 에휴.
이번엔 지구의 악기가 마음에 든 모양인데, 두 발 생명체들에게 잘 간수하라고 경고해 줘야겠어!

아우레 최고, 아니 최악의 악당 **말더**!
과거엔 빠다 관장님 밑에 있던 키벨레 수석 연구원이었는데, 규칙을 어기는 바람에 쫓겨나 쓰레기 상인이 되었어. 평소에는 내가 정말 미워하는 녀석인데, 이번 모험을 함께하면서 내 생각이 조금 바뀐 것 같기도….

이야기가 아주 긴데 말이야, 말더를 붙잡은 뒤 회의가 시작됐지….

프롤로그

포로가 된 말더

1화

내 이름은 말마따

푸르른 하늘, 드넓은 벌판을 배경으로 사랑엔스들이 북적북적하게 모여 있었다. 그중 하나가 앞에 나서서 과장된 몸짓으로 시끄럽게 자신의 경험담을 떠벌렸다.

"내가 봤다, 하늘에 어마어마하게 큰 돌이 날고 있었다!"

"오오~!"

"그리고 그 바위가 괴물들을 낳았다!"

"오오오~!"

침을 튀기며 이야기를 늘어놓는 이 사랑엔스의 이름은 말마따. 이미 마을에선 거짓말쟁이로 통했지만 매번 이야기를 솔깃하게 이끌어 나가는 통에, 다른 사랑엔스들은 녀석의 말을 안 믿으려야 안 믿을 수가 없었다.

오늘도 말마따 주변에 모인 사랑엔스들은 감탄사를 연발하며 계속 "다음엔?", "그래서?" 같은 추임새를 넣으며 이야기에 빠져들었다. 동료들이 자기 말에 반응할수록, 말마따의 몸짓과 목소리도 점점 커져 갔다.

"그 바위가 내게 힘을 줘서, 맨손으로 이만~한 코뿔소도 잡았다! 뿔이 반쯤 잘리고 등에 큰 상처가 난 녀석인데……."

"오오오오~!"

그때, 말마따 뒤로 사냥을 마친 사랑엔스들이 쓱 지나갔다. 말마따의 이야기 속 코뿔소와 똑 닮은 녀석을 짊어지고서!

"저게 말마따가 말한 그 코뿔소인가 봐!"

"어디? 어디?"

말마따의 이야기를 재미있게 듣고 있던 사랑엔스들이 사냥꾼 무리에게 다가가 물었다.

"이거, 말마따가 잡았다?"

돌아오는 대답은 기대와 달랐다.

"무슨 소리? 말마따는 사냥 안 했는데?"

사냥에서 돌아온 사랑엔스들은 도리어 말마따를 보자마자 도끼눈을 뜨고 화를 내기 시작했다.

"말마따! 사냥 중에 또 어디로 사라졌나 했더니, 여기서 수다나 떨며 놀고 있었군!"

"말마따! 사냥은 다 같이 하는 건데, 너는 왜 자꾸 사라지냐?!"

사랑엔스들은 그제야 자신들이 또 말마따의 거짓말에 속아 넘어갔다는 걸 깨달았다.

말마따는 늘 그런 식이었다. 사냥에도 빠지고, 울타리를 쌓는 일에도 빠지고, 가죽을 말리는 것도 돕지 않았다. 그저 혼자 숲에 드러누워서 펑펑 놀다가 뒤늦게 나타나서는 있지도 않은 일을 허투루 말하는 녀석이었다.

사랑엔스들 사이에서 불만의 목소리가 터져 나왔다.

"말마따 말은 이제 믿지 말자. 하늘에 바위가 떠다녔다는 것도, 그 바위가 괴물을 낳았다는 것도 전부 거짓말이다!"

그러자 다른 사랑엔스도 말했다.

"거짓말쟁이는 우리 마을에 필요 없다! 말마따를 마을에서 쫓아내자!"

"쫓아내자! 쫓아내자!"

분위기가 점점 심상치 않게 흘러가자, 말마따는 슬금슬금 뒷걸음질했다. 그리고 눈치를 보다가…….

쌩~!

걸음아 날 살려라! 하며 전속력으로 도망쳤다.

그렇게 한참을 달리고 또 달려서, 말마따는 '아무것도 없는 들판'에 도착했다. 그곳은 말 그대로 아무것도 없는 곳이었다.

거짓말쟁이 말마따는 이전에도 혼자였지만, 이제는 진짜 혼자가 되었다.

이제 어디로 가야 할까? 마을로 돌아갈 수는 없었다. 그랬다간 다른 사랑엔스들에게 어떤 꼴을 당할지 모르니까. 그렇다고 이 허허벌판에서 혼자 살 자신도 없었다.

앞길이 막막한 말마따가 한숨을 푹 내쉰 그 순간, 어디선가 커다란 소리가 들려왔다.

말마따는 어안이 벙벙했다.

'하늘을 떠다니는 바위'와 '바위가 낳은 괴물들'이 정말 눈앞에 나타나다니! 멋대로 상상해서 허풍 떨며 했던 이야기 속 상황이 실제로 일어나자 온몸이 덜덜 떨렸다.

'큰일 났다. 여기 있는 걸 들켰다간 저 괴물들한테 잡아먹히고 말 거야.'

말마따는 조용히 그 자리를 벗어나려고 했다. 그러다가 순간, 머릿속에 근사한 계획이 떠올랐다.

'아니지. 저 괴물들을 마을로 데리고 가면, 내가 한 말은 참말이 된다. 그럼 동료들은 나를 쫓아내지 않을 거다.'

말마따는 들키지 않게 적당한 거리를 두고, 바위가 낳은 괴물들을 뒤쫓았다. 어떻게 하면 저 괴물들을 마을 쪽으로 몰아갈 수 있을지 고민하면서.

한편, 미지의 땅에 도착한 탐사대는 나무가 우거진 길로 들어섰다. 작은 소리 하나에도 소스라치게 놀라며 신경을 곤두세웠지만 대부분 작은 동물들이었다.

"야, 여기 맞아? 쿠가 있다면 적어도 두 발 생명체 하나쯤은 나타나 줘야 할 거 아냐. 여긴 아무도 안 보이잖아."

캔이 투덜거리자 말더가 쏘아붙이려다 꾹 참았다. 싸우면 안 된다. 지금은 탐사대의 마음을 사는 것이 먼저니까.

"우리 아우리온에서 내린 지 얼마 되지도 않았거든? 조금은 돌아다녀 봐야 생명체들을 만날 것 아냐. 기다려 봐."

"흥, 우릴 속이려 들면 가만 안 둘 거야!"

쿠슬미는 말더가 저렇게 큰소리치는 것을 보면 뭔가 있을 거라며 일단 따라가 보자고 캔을 달랬다.

그러거나 말거나, 라세티는 들떠 있었다.

"여기 네안에나들이 살던 곳 근처 맞지? 어쩌면 모로 후손들을 만날지도 몰라!"

네안에나들을 떠올리며 추억에 젖은 라세티를 보고 말더가 코웃음 쳤다.

"흥, 꿈 깨는 게 좋을걸. 그 네안에나라는 녀석들은 지금쯤 전부 지구에서 사라졌을 테니까."

"야, 말더! 그런 식으로 말하지 마!"

"왜? 사실인걸. 내가 이 시대의 지구에 왔을 때 그런 녀석들은 존재하지 않았다고. 그사이에 멸종했을지도 모르지."

빠다가 말더 말에 고개를 끄덕였다.

"음, 일리가 있어. 네안에나들은 근육이 발달해 있었잖니. 그 근육을 유지할 에너지가 그만큼 많이 필요했을 테니, 열량이 높은 고기를 얻기 위해 사냥을 자주 해야 했을 거야. 그런데 그런 고강도 사냥을 계속…… 하……기에는…….."

그런데 말을 할수록 빠다의 목소리가 점차 가늘어졌다. 빠다는 코를 벌름거리며 얼굴을 묘하게 구겼다. 그러다가 눈을 게슴츠레하게 뜨고, 입까지 요란하게 실룩이기 시작했다. 그간 여러 차례 반복되었던, '바보병'이 발현될 때의 증상과 비슷했다.

"으악, 관장님 또다시 바보가 되시려나 봐!"

"그보다는 꾸벅꾸벅 조는 것 같은데?"

자세히 보니 빠다의 네 눈가에 피곤이 가득했다. 기운 없이 축 처져서 길게 말하는 것도 힘들어했다.

"혹시 지구 바이러스에 감염되기라도 하신 거 아니야?"

그러자 말더가 고개를 가로저었다.

"바이러스가 아니라 지구가 추워져서 그런 거야."

"춥다고? 눈이 오는 것도 아닌데?"

한때 아우레에서 빠다 못지않은 지식인이었던 말더는 빠다의 이상한 상태가 무엇 때문인지 단박에 눈치챘다.

"저 증상은 빠다 종족의 특징이야. 저들은 기온에 민감해서 추운 환경에서는 동면하려는 습성이 있지. 우리가 느끼기엔 큰 차이가 없어도, 빠다의 몸은 지구 기온이 떨어지고 있는 것을 감지하는 거야."

"그럼 언제 깨어나는데?"

"그거야 나도 모르지."

탐사대 입장에서는 바보병에 걸린 빠다나 동면에 빠진 빠다나 도움이 안 되긴 마찬가지였다. 쿠가 정말로 가까이 있을지도 모르는 이 중대한 시기에!

쿠슬미가 쿠 찾기를 서둘러야겠다며 재촉했다.

그때였다. 파삭! 풀 밟는 소리가 캔의 귀에 들려왔다.

뒤를 돌아본 캔 눈에 수상한 그림자가 사라지는 게 보였다.

"으아아아! 저, 저기!"

"캔, 왜 그래?"

"바, 방금 우리 뒤에 뭔가 있었어! 너희는 못 봤어?"

"있기는 뭐가 있다고 그래? 아무것도 없는데."

라세티가 뒤돌아보며 눈을 껌벅였다.

"이상하다……. 분명히 봤는데……."

"또 실없는 소리 하기는. 다들 집중해. 인피니티한테서 환경 분석 데이터가 전송됐으니까."

오! 저기 두 발 생명체들 있다, 있어!

인피니티의 데이터에는 지구의 기온과 습도, 풍향 등 기상 관측 데이터뿐만 아니라 근방 수십 킬로미터 내에 존재하는 생명체까지 빼곡하게 표시돼 있었다. 그리고 틀림없이 가까운 곳에 두 발 생명체들의 서식지가 있었다.

데이터를 보며 말더가 말했다.

"역시 제대로 찾아왔군. 저곳이 쿠의 무리가 사는 장소일 거야. 어때, 내 말 듣길 잘했지?"

"아직 확신할 순 없다고. 그래도 어서 가 보자!"

다들 쿠를 찾을 생각에 흥분해 들떠 있었다. 잠에 취한 빠다만 빼고.

"관장님, 정신 좀 차려 보세요."

"졸려……. 음냐, 난 못 가겠다……."

꾸벅꾸벅 졸던 빠다가 갑자기 품속에서 온갖 부품들을 꺼내더니, 척척 조립해 순식간에 막대기 하나를 완성했다. 그리고 그것을 쿠슬미에게 내밀었다.

"받아라. 여기에 오라클을 끼우면 쉽게 영상을 찍어 전송할 수 있지……. 아우리온에서 너희가 보내는 영상을 함께 보고 있으마. 꼭 쿠를 찾기를……. 난 이만……."

빠다는 그 말만 남긴 채 껍데기 속으로 쏙 들어가더니 데굴데굴 굴러, 아우리온으로 돌아가 버렸다.

2화

쿠에게 가는 길

탐사대의 놀란 가슴은 금세 진정되었다. 아우린들에게 두 발 생명체는 이제 익숙했다. 종류가 다를 뿐 위험하지 않다는 것도 알고 있었다.

하지만 말마따는 아니었다. 그도 그럴 것이, 말마따는 이런 수상한 생물을 본 게 난생처음이었다. 게다가 이들은 '하늘을 떠다니는 바위에서 태어난 괴물들'이 아닌가!

"쟤 사랑엔스 맞지?"

"사랑엔스 맞는 것 같아!"

캔과 쿠슬미가 들떠 있는 와중에 말더가 무심하게 외쳤다.

"어이, 거기! 엉큼하게 숨어 있는 녀석! 그래, 너 말이야. 너 이리 와 봐."

말더가 가까이 오라고 손짓했지만 말마따는 바위 뒤에 꼭 붙어서 움직이려 들지 않았다.

"그렇게 매섭게 말하면 쟤가 무서워하잖아! 비켜 봐, 지구 생명체들이랑은 이렇게 대화하는 거야."

두 발 생명체들의 친구, 라세티가 얼굴 한가득 미소를 머금고 엉덩이를 씰룩씰룩 흔들며 말마따 쪽으로 다가갔다.

"안녕? 우린 우주 저 너머에서 온 아우린이라고 해. 우리랑 친구가 되지 않을래?"

하지만 라세티의 상냥함도 말마따를 움직이게 하지 못했다.

사실 말마따가 굳어 있던 것은 무서워서라기보다 한 가지 생각에 빠져 있기 때문이었다.

'어떻게 저 괴물들을 마을로 데리고 가지?'

저 괴상한 녀석들을 마을로 데리고 가 동료들에게 보여 주면 거짓말쟁이라는 별명도 사라질 테고, 마을 동료들은 오히려 섣불리 내쫓았던 게 미안해서 전보다 더 극진히 대접해 줄지도 몰랐다.

문제는 저들을 '어떻게' 마을로 끌고 갈지였다.

말마따의 두뇌가 어떤 거짓말을 짜낼 때보다 더 팽팽하게 돌아가며 계획을 구상하기 시작했다.

그때 쿠슬미가 한 가지 아이디어를 냈다.

"얘들아, 쿠를 찾는 데 쟤 도움을 받아 보면 어때? 사랑엔스에 관해선 사랑엔스가 제일 잘 알 테니까."

말더도 그럴듯하다는 표정을 지었다.

"뭐, 나쁘지 않겠군. 원래 생명체는 같은 종족의 외모를 더 민감하게 구분하거든."

"나, 알아. 쿠는 마을에 있다. 보여 줄 수 있다. 쿠를 찾는다면 따라와!"

일이 이렇게 술술 풀리다니! 난데없이 나타난 사랑엔스가 쿠를 알고 있는 데다가, 직접 안내까지 해 준다고? 간절히 바라던 선물이 하늘에서 뚝 떨어진 거나 마찬가지였다. 탐사대는 신이 나서 사랑엔스의 뒤를 따라갔다.

하지만 말더는 왠지 께름칙했다.

'쿠 이미지를 제대로 보지도 않는 것 같았는데, 쿠를 안다고? 게다가 처음 보는 우리를 무작정 마을로 데려간다? 이성이 낮은 지구 생명체인가? 아니면 뭔가 함정이 있나? 뭐, 이 녀석들이 함정에 빠진다면 나는 좋지만.'

말더는 이 사랑엔스에게 의심이 들었지만, 생각을 말하진 않았다. 자신만 조심하면 되니까. 오히려 탐사대의 계획이 틀어질 거라는 기대에 남몰래 음흉한 웃음을 지었다.

'호호, 잘하면 손가락 하나 까딱하지 않고 아우리온을 차지할 수 있겠는걸?'

말더는 한 걸음 떨어져 걸으며 탐사대와 사랑엔스를 지켜보기로 했다.

라세티가 앞장선 사랑엔스에게 말했다.

"그나저나 넌 이름이 뭐야? 난 라세티라고 하는데."

"나, 말마따. 우리 마을 최고의 사냥꾼이다. 어제는 산보다 더 큰 사슴 잡았다. 녀석의 뿔에 대롱대롱 매달려서……."

라세티는 금세 사랑엔스의 이름을 물은 것을 후회했다. 말마따는 말이 정말이지 어마어마하게 많았다. 말 한마디 걸었을 뿐인데, 말마따는 열 마디, 아니 백 마디로 보답했다. 말마따의 수다는 마을로 향하는 내내 이어졌다.

이야기를 듣다 지쳐 쓰러지기 일보 직전이 되었을 때쯤, 오라클이 치지직거리더니 빠다 목소리가 들려왔다.

"제발 누가 저 녀석 입 좀 막아 다오!"

"관장님! 몸은 좀 어떠세요?"

"인피니티가 아우리온 내부 환경을 지구 아열대 지역과 비슷하게 조절해 주니 한결 나아졌다. 그건 그렇고……."

빠다가 중요한 내용을 설명하기 시작했다.

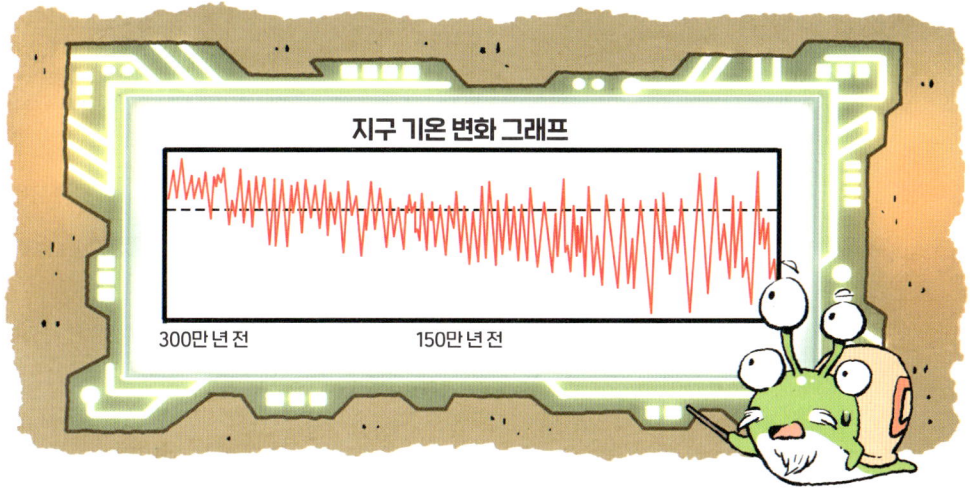

지구 기온 변화 그래프

300만 년 전   150만 년 전

"데이터를 분석해 보니, 예상대로 평균 기온이 시간이 갈수록 떨어지고 있더구나. 추측하건대, 수만 년 내로 지구에 빙하기가 찾아올지도 모른다. 여기서 쿠를 찾지 못하면 다음엔 끔찍한 추위가 우리를 기다리고 있을 게야. 저 사랑엔스의 마을에서 반드시 쿠를 찾아내도록! 오라클도 잊지 말고 잘 챙기고."

"비, 빙하기요?"

빠다만큼이나 추위에 약한 캔의 머릿속에 얼음처럼 꽁꽁 언 지구에서 쿠를 찾아 헤매는 자신의 모습이 그려졌다. 몸이 저절로 부르르 떨렸다.

"으으, 추운 건 절대 싫어! 얼른 쿠를 찾고 여길 떠나자고!"

그러나 탐사대의 조급한 마음과는 달리, 말마따가 말한 마을은 나타날 기미가 없었다. 아우린들은 걷고 또 걸었다. 초원을 지나고…… 산을 올랐다가…… 까마득한 낭떠러지를 피한 뒤에도 계속 걸었다.

지구 한 바퀴를 도는 듯 끝이 보이지 않는 여정에 탐사대가 힘들다며 투정할 때마다, 말마따는 다 왔다는 말만 반복하며 계속 나아갔다.

"헥헥, 다 왔다는 소리만 벌써 몇 번째야? 얼마나 더 가야 하냐고!"

"헥헥, 저 거짓말쟁이! 아까 산만 한 짐승을 맨손으로 잡았다 할 때부터 수상했어!"

"어휴, 나는 왜 너희 같은 애들한테 붙잡혀서 이 고생이냐!"

그렇게 티격태격하다 보니, 처음으로 멀리서 모닥불 연기 같은 것이 피어오르는 게 보였다.

"여기, 마을 많다. 검은 연기 퐁퐁 마을, 뽀족 가시 마을, 뽀득 상아 마을, 그늘 통나무 마을……. 검은 연기 퐁퐁 마을은 '검은 연기 산'에게 검은 돌을 선물받는 곳이다. 뽀족 가시 마을은 따끔한 가시나무들이 길을 막고 있어서 아무도 들어갈 수 없다. 뽀득 상아 마을은 거대한 코끼리의 힘을 물려받아서 사냥도 잘하고 상아도 많이 가지고 있다. 그늘 통나무 마을은 '그림자 숲' 한가운데에서 거대한 나무 신에게 기도한다."

"그래서 그중 쿠가 있는 곳이 대체 어딘데?"

그 질문을 기다렸다는 듯, 말하기 좋아하는 말마따가 또 설명을 줄줄이 늘어놓았다.

"쿠는 우리 마을에 있다. 우리 마을은 사자 신 마을. 뽀득 상아 마을과 가깝다. 하지만 우리 마을이 뽀득 상아 마을보다 더 따뜻하고, 먹을 것도 많고, 편히 쉴 수 있는 나무둥치도 많다. 이게 다 사자 신이 우리 마을을 지켜 줘서 그렇다!"

내내 뚱한 얼굴로 듣고만 있던 말더가 콧방귀를 뀌었다.

"사자 신이라고? 듣자 듣자 하니 정말 못 들어 주겠네. 이봐, 우주를 다 뒤져도 사자 신이라는 건 없어. 너희 마을이 따뜻하다면 해가 잘 들어서이고, 먹을 것이 많은 건 너희의 터전이 비옥한 토양 위에 세워졌기 때문이겠지. 그런 건 신이 만드는 게 아니라고."

말마따가 발끈하여 반박했다.

"아니다! 사자 신은 있다. 진짜 사자 신이 우리를 도와주는 거다. 우리 아빠의 아빠의 아빠의 아빠 때부터 계속 사자 신이 지켜 줘서, 마을이 풍요로운 거다!"

사자 신이 없다는 전직 키벨레 수석 연구원 말더와 사자 신의 존재를 철석같이 믿는 말마따가 서로 조금도 양보하지 않고 팽팽하게 맞섰다.

말더와 말마따의 다툼은 곧 탐사대의 싸움으로 번졌다. 말더와 캔은 그간의 감정을 꾹꾹 담아 가시 돋친 말을 쏟아 냈다.
 "우주 사기꾼!"
 "우주 겁쟁이!"
 "부하들한테도 배신당한 주제에!"
 "고철 덩어리 주제에!"
 그 순간, 말마따가 어딘가를 보고 소리쳤다.
 "저기다!"
 시끄럽게 다투던 캔과 말더가 한 몸처럼 뒤를 돌아보니……
 눈앞에 거대한 사자상이 서 있었다.

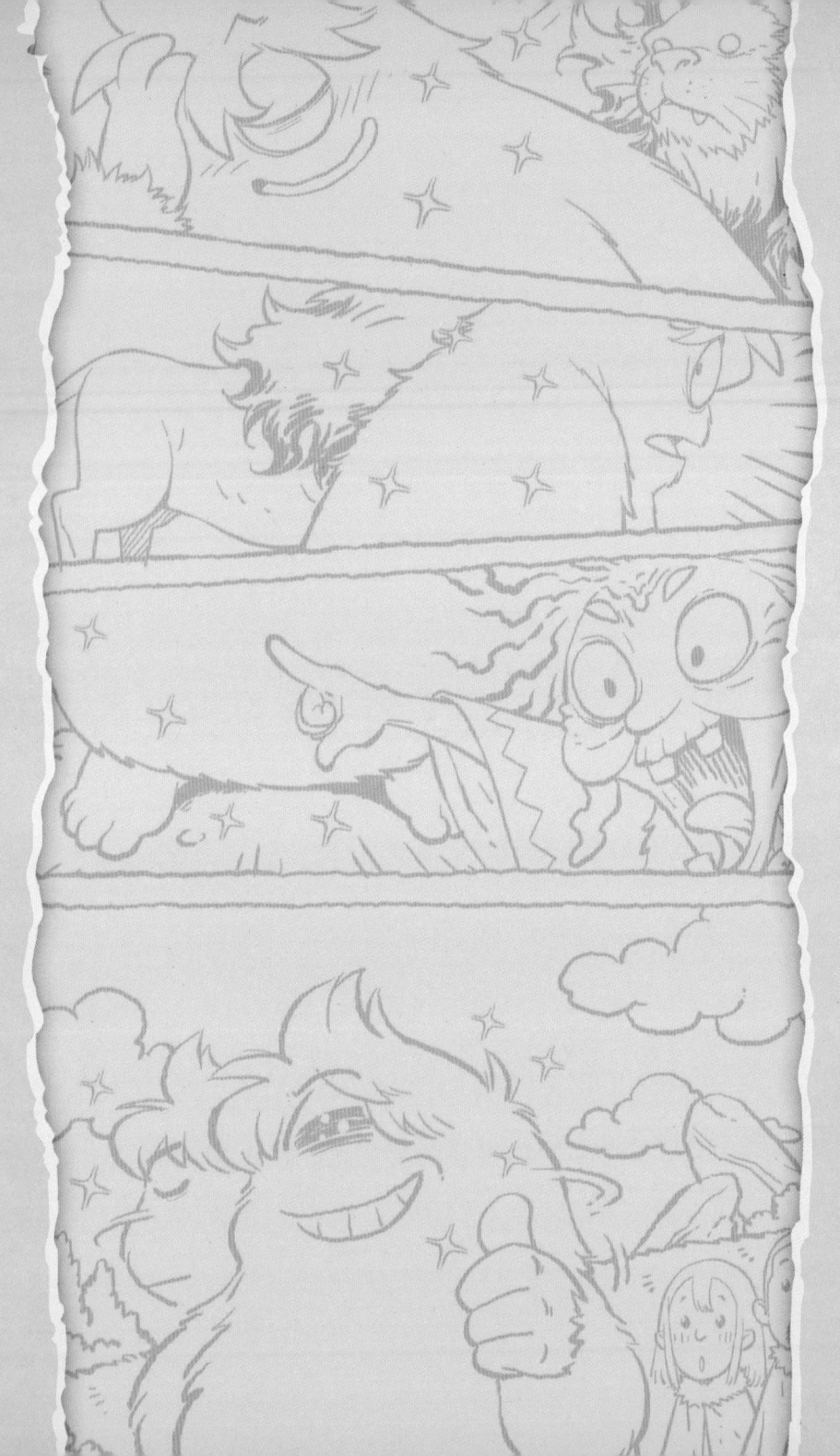

3화

라세티, 신이 되다!

"여기가 우리 마을, 사자 신 마을이다. 그리고 이게 사자 신이고."

말마따가 마을 입구에 서 있는 조각상을 가리키며 말했다.

"우아!"

조각은 웅장하고 독특했다.

전에 네안에나들과 사랑엔스들이 함께 맞서 싸웠던 맹수의 얼굴에 사랑엔스의 몸이 달린 모습이었는데, 지구 생명체라기보다는 우주 어딘가의 외계 종족처럼 보였다.

"저 맹수를 '사자'라고 부르나 보네."

"너희 언제 이렇게 생긴 외계인을 만났던 거야? 우리가 지구에 온 첫 외계인일 줄 알았는데."

말마따는 고개를 갸웃거렸다.

"외계인? 그게 뭐야? 음…… 만났던 것 같기도 하고 아닌 것 같기도 하고. 어쨌든 이건 우리가 만든 거다."

"그럼 상상만으로 이런 걸 만들었다고? 너희 진짜 대단하다! 이렇게 생긴 외계인이 진짜 있을 것 같아!"

라세티가 호들갑을 떨며 조각상을 요리조리 살펴보았다.

그런데 쿠슬미는 어딘가 불편한 표정이었다.

'외계인이 뭔지도 모르면서, 만났던 것 같기도 하다고? 무슨 말이 저래? 아까 사냥 경험담도 완전 허풍이었던 것 같고. 영 믿음이 안 가. 이 말마따라는 애를 너무 쉽게 믿었던 거 아니야?'

그때, 사랑엔스 몇몇이 모습을 드러냈다.

"말마따! 쫓겨난 녀석이 왜 돌아온 거냐? 어서 가라!"

"그래, 나가! 그리고 그 이상하게 생긴 동물들은 뭐지?"

사랑엔스들은 말마따에게 단단히 화가 난 얼굴로 호통쳤다. 말마따와 함께 온 탐사대에게도 의심의 눈총을 날렸다.

말마따는 그들에게 오히려 더 당당한 얼굴로 가슴을 쭉 펴고 이렇게 말했다.

"나, 거짓말 안 했다! 얘들이 바로 하늘을 날아다니는 바위에서 태어난 녀석들이다! 내가 정말로 봤다고!"

"흥, 또 네 말을 믿으라고? 네 발로 나가지 않겠다면 우리가 다시 내쫓아 주겠다. 너랑 네 옆 괴물들까지!"

사랑엔스들이 무섭게 다가오던 그 순간…….

"잠깐! 멈춰라!"

어디선가 커다란 목소리가 그들을 막아 세웠다. 저쪽에서 나이 든 사랑엔스 하나가 눈을 휘둥그렇게 뜨고 헐레벌떡 달려오고 있었다.

탐사대가 저들끼리 쑥덕거렸다.

"저 사랑엔스는 라세티가 거대한 조각상이랑 닮았다고 생각하는 모양인데?"

"둘 다 털이 북슬북슬한 게 닮긴 했어."

"나 참, 라세티가 사자 신이면 이 몸은 로봇 신이시다!"

그렇지만 라세티에게 그런 놀림은 들리지 않았다. 태어나서 처음 들어 보는 칭찬 세례에 구름이라도 탄 듯 두둥실 하늘로 떠오르는 기분이 들었기 때문이다.

나이 든 사랑엔스가 라세티를 사자 신이라고 떠받들자 말마따나 기고만장한 얼굴로 떠벌리기 시작했다.

"그, 그래! 사자 신 맞다! 내가 사자 신을 데려왔다고!"

온 마을이 술렁였다.

"진짜 사자 신이 나타났다고? 아까는 그냥 괴물이라며? 또 거짓말 아니야? 하지만 정말 사자 신을 닮은 것 같기도 하고?"

라세티를 보는 사랑엔스들의 시선이 점점 확신으로 차올랐다. 순식간에 엄청난 수의 사랑엔스들이 라세티를 에워쌌다.

사랑엔스들은 라세티의 털이라도 만져 보려고, 또 사자 신에게 자신을 소개하려고 점점 더 가까이 다가왔다. 곧 라세티 앞에 사랑엔스들의 행렬이 끝없이 이어졌다.

으쓱해진 라세티도 신 대접에 기꺼이 응했다.

그때 쿠슬미가 소리쳤다.

"잠깐! 인사는 나중에 하고, 우린 여기 쿠라는 애를 찾으러 왔거든? 말마따가 여기 쿠가 있다고 했는데, 어디 있어?"

그러자 사랑엔스들이 일순간 딱 멈췄다.

내 이름은 필릴리.

나는 부웃!

나는 하누다.

히히, 줄을 서도록~.

사랑엔스들의 시선이 일제히 말마따 쪽으로 쏠렸다.

"우린 그런 녀석 모르는데?"

"말마따가 또 거짓말했군."

"거짓말이라고?"

라세티가 눈을 동그랗게 떴다.

"응, 말마따는 거짓말 때문에 마을에서 쫓겨났다. 사자 신에게도 거짓말한 거다."

"말마따 말은 아무것도 믿지 마라."

애초부터 말마따를 믿지 않았던 말더와 조금씩 의심하고 있던 쿠슬미는 '역시 그랬군.' 하며 고개를 끄덕였다. 투덜이 캔은 자신도 처음부터 말마따가 마음에 들지 않았다면서 불평을 토해 냈다.

하지만 두 발 생명체라면 누구나 친구라고 주장하는 라세티가 받은 충격은 겨우 그 정도가 아니었다. 말마따에게 주었던 무한 신뢰가 쩌억 하고 갈라지는 듯했다.

"말마따, 저 말이 진짜야? 쿠가 여기에 없어? 응?"

말마따는 민망한 듯 머리를 긁적였다.

"헤헤, 쿠를 꿈에서 봤나?"

"어떻게 우리를 속일 수가 있어? 너를 믿었는데!"

말더가 라세티를 비웃었다.

"라세티 너도 지금 사자 신 행세를 하며 쟤들을 속이고 있잖아!"

뜨끔. 정곡을 찌르는 말이었다.

"아니거든? 안 그래도 이제 진실을 말해 주려고……."

라세티의 말이 점점 흐려졌다.

"저 초롱초롱한 눈들을 보라고……. 내가 사자 신이 아닌 걸 알면 쟤들이 얼마나 실망하겠어!"

"그래서 넌 거짓말해도 되고?"

라세티가 궁지에 몰렸을 때, 사냥을 나갔던 사랑엔스들이 커다란 사냥감을 짊어지고 돌아왔다.

사냥감에는 작은 창이 여기저기 꽂혀 있었고, 사냥꾼들의 손에는 둥글게 휘어진 물건이 들려 있었다. 지구에 온 뒤로 처음 보는 물건이었다.

이때다 싶었던 라세티가 평소보다 더 오두방정을 떨면서 서둘러 화제를 돌렸다.

"오! 엄청 작은 창으로 이렇게 큰 동물을 잡았어? 너희 대단한 사냥꾼이구나! 그나저나 손에 든 그건 뭐야?"

사자 신이 자신들의 무기에 관심을 보이자 하누가 냉큼 앞으로 뛰어나왔다.

"이건 화살이다. 이 활로 화살을 쏘면 손으로 던지는 것보다 더 세게 날아간다. 저쪽에 많으니 구경시켜 줄게. 모두 이쪽으로!"

하누와 사랑엔스들이 탐사대를 데리고 어디론가 향했다.

나무들 사이로 피웅, 탁. 피웅, 탁. 똑같은 소리가 반복적으로 들려왔다.

다음으로 사랑엔스들은 마을 구석구석을 소개해 주었다.

식량을 저장하는 곳, 무기를 모아 두는 곳, 장신구나 도구를 만드는 작업장과 사랑엔스들이 잠자는 곳, 모두 모여서 식사하는 곳…….

워낙 많은 수의 사랑엔스가 함께 살다 보니 볼 것도 정말 많았다.

"다음으로 갈 곳은 우리 마을에서 가장 중요한 곳이다. 이번에는 아주 조심해야 한다!"

하누는 입장하기 전부터 몇 번이나 탐사대에게 주의를 주었다. 탐사대는 하누가 이렇게까지 애지중지하는 장소가 도대체 어떤 곳일지 궁금했다.

"그동안 모아 둔 식량 중에서도 가장 맛있는 것들만 빼놓은 곳 아닐까?"

"그동안 만든 것 중 가장 아름다운 장신구를 쌓아 뒀을지도 몰라."

"제일 유용한 도구를 전시해 놓는 데 아니야?"

"그게 뭐든 아주 값비싼 무언가를 숨겨 놓는 곳이겠지."

탐사대는 저마다 기대를 안은 채로 '가장 중요한 곳'에 발을 들였다.

그런데…….

그곳엔 가장 맛있는 것도, 가장 아름다운 것도, 가장 유용하거나 가장 값비싼 것도 없었다.

사자 신 마을 사랑엔스들에게 가장 중요한 장소는 바로 '상아를 저장하는 곳'이었다. 탐사대는 먹을 수도 없고, 예쁘지도 않고, 별로 유용해 보이지도 않는 상아를 보고 크게 실망했다.

하누는 귀중한 보물을 다루듯 흐트러진 상아 더미를 정리하며 잔소리를 쏟아 냈다.

"우리는 이걸 얻기 위해서 뽀득 상아 마을과 만나 필요한 물건을 주고받는다. 우리는 식량을 주고, 그들은 상아를 준다. 상아 얻는 데 많은 식량 필요하다. 그러니까 상아는 소중하다. 상아가 망가지면 절대로 안 된다."

그 말을 듣던 말더가 눈을 반짝였다.

말더는 키벨레에서 쫓겨난 이후 수천 년간 아우레에서 가장 고객이 많고, 가장 악독하고, 가장 바가지를 잘 씌우는 쓰레기 상인으로 이름을 날렸다. 눈썰미가 좋아서 어떤 물건이 높은 가격에 거래될지, 또 어떤 물건이 자신에게 이득이 될지 척 보면 바로 파악할 수 있었다.

말더가 상아 하나를 주워 들었다.

"오호, 이거랑 식량을 바꿀 수 있다고? 이게 그렇게 가치가 높아? 그러고 보니 이 매끈한 곡선과 너무 무르지도, 너무 딱딱하지도 않은 질감……. 잘만 하면 아우레에서도 아주 비싸게 거래할 수 있겠는걸."

그러자 캔이 또 말더에게 시비를 걸었다.

"말더, 너 눈빛이 음흉한데? 또 무슨 짓을 꾸미는 거냐?"

"음흉이라니? 내가 꾸미긴 뭘 꾸며?!"

"넌 돈이 된다면 도둑질도 서슴지 않는 녀석이잖아!"

탐사대를 쫓아낼 때와는 반대로, 하누는 라세티에게만은 다정하게 말했다.

"사자 신은 이쪽."

라세티는 친구들과 함께 있겠다 했지만 하누는 단호했다.

"사자 신이 머물 곳은 따로 있다. 그곳에서 어울리는 대접을 받아야 한다."

라세티는 '사자 신 동굴'이라는 곳으로 안내됐다. 혼자만 대우받아 미안한 마음은 어느새 사라지고 '어울리는 대접'이 뭘지 기다려졌다.

'으흐흐, 분명 엄청 맛있는 걸 대접하려는 거겠지? 사자 신이 먹는 음식이라니, 기대되는걸?'

하지만 사자 신 동굴에서 라세티를 기다리고 있던 것은 맛있는 음식이 아니었다.

"머리엔 이걸 꽂는다."

"목엔 이걸 건다."

"아니야! 거긴 이걸 거는 게 더 잘 어울린다."

사피엔스들은 자신들이 모시는 사자 신에게 온갖 장식품을 달아서 신에게 어울리는 모습이 되도록 만들어 주었다. 한바탕 투덕거림이 끝난 뒤 드러난 라세티의 모습은……

신 꾸미기를 마친 사피엔스들은 들어올 때와 마찬가지로 우르르 동굴을 떠나 버렸다. 주렁주렁 달린 장신구 탓에 한 발짝도 움직일 수 없게 된 라세티만 동굴에 홀로 남겨 둔 채……

"애들아, 돌아와! 나도 데려가라고~!"

같은 시각, 동굴 밖은 시끌벅적했다.

 사랑엔스들은 모아 두었던 식량과 여러 도구를 동굴 밖으로 꺼내 산처럼 쌓고 있었다. 쿠슬미와 캔도 덩달아 사랑엔스들을 따라 짐을 이리 나르고 저리 날랐다.

 영문도 모르고 일하던 캔이 뒤늦게 물었다.

 "헥헥, 쿠슬미, 그런데 우리 이거 왜 하는 거냐?"

 "그냥 돕는 거지. 그런데 이 많은 걸 어디에 쓰려는 걸까?"

 그러자 옆에 있던 사랑엔스가 말했다.

 "여기서 뽀득 상아 마을과 만나기로 했다. 우리는 그들에게 식량 주고, 그들은 우리에게 상아 줄 거야. 사자 신 제사를 위해 지금보다 더 많은 상아 필요하다."

얼마 후 한 무리의 사랑엔스들이 마을에 도착했다.

그들은 저마다 뽀얀 상아를 한껏 짊어지고 있었다. 옆 마을인 뽀득 상아 마을에서 온 이들이었다. 그들은 가지고 온 상아를 조심조심 땅에 내려놓았다.

두 마을 대장이 앞으로 나와 서로 마주 서서는, 경건하게 교환의 맹세를 주고받았다.

사자 신 마을은 상아를, 뽀득 상아 마을은 식량과 여러 도구를 챙겼다. 두 마을 대장 모두 만족한 표정이었다.

뒤에서 이를 지켜보던 쿠슬미가 곁의 사랑엔스에게 물었다.

"매번 이렇게나 많은 물건이 오고 가는 거야?"

"응. 필요한 게 생기면 항상 우리가 가진 것, 저들이 가진 것 나눈다."

쿠슬미는 네안에나들이 사랑엔스들과 처음 만났을 때를 떠올렸다. 사랑엔스 꼬마는 자신의 무리가 된 모로에게 미니 망원경과 붉은 돌을 교환하자고 했었다.

'그땐 두 발 생명체가 자그마한 돌멩이 하나를 교환하게 된 것도 대단하다고 생각했는데.'

수만 년 시간이 흐른 지금은 자신의 무리뿐만 아니라 다른 무리와도 필요한 물건을 교환하며 교류하게 되었다니! 두 발 생명체의 변화는 목격할 때마다 놀라웠다.

"바로 이런 걸 관장님께 보여 드려야지! 오라클이…… 어디 갔지?"

빠다가 준 막대 끄트머리에 붙어 있어야 할 오라클이 보이지 않았다.

그제야 쿠슬미가 주변을 두리번거렸다.

"아직 한 번도 안 꺼냈는데. 설마 아까 동굴에서 쫓겨날 때 떨어뜨렸나?"

캔이 투덜거리며 말했다.

"칠칠치 못하긴, 또 잃어버린 거야? 그나마 눈에 덜 띄는 내가 다녀올게. 아까 거기라면 우리가 출입 금지 당한 곳이잖아. 괜히 들켰다가 골치 아파진다고."

캔은 곧장 상아 창고를 향해 날아갔다.

4화

범인은 누구?

"듣고 보니 그러네! 말마따 녀석, 말이 정말 많았잖아."

"말마따뿐만 아니라 다른 사랑엔스들도 마찬가지야. 말을 너무 많이 해서 귀가 아플 정도였지."

탐사대는 종알종알 떠들던 사랑엔스들을 떠올렸다.

사실 사랑엔스들은 말이 많아진 것뿐만 아니라 표현도 풍부해졌고, 남에 관해 쑥덕이길 좋아했으며, 심지어는 진짜가 아닌 이야기까지 지어낼 줄 알았다. 이전 두 발 생명체들에게서 이런 모습을 찾아볼 수 있었던가?

"갑자기 말이 많아진 이유가 있지 않을까? 이전 시대와 지금 사이에 무슨 일이 있었던 거지?"

쿠슬미의 의문에 라세티와 캔은 진지하게 생각하다가 한마디씩 해 보았다.

"정답! 벼락을 맞아서?"

"정답! 외계인이 다녀갔나?"

"크크, 혹시 캔 네 조상들 아닐까? 너도 말이 좀 많은 편이잖아."

"뭐라고?!"

그때, 멀찍이서 딴짓만 하던 말더가 툭 한마디 던졌다.

"우주 최고의 인공 지능 컴퓨터를 두고도 써먹지 못하다니. 머리 나쁜 건 여전하군, 아우레 촌계들."

라세티와 캔의 눈썹이 꿈틀거렸다.

"설마 우리한테 하는 소리냐?"

"너 아직 포로 상태라는 거 잊은 건 아니지? 우리가 아직도 너한테 쓰레기나 가져다주는 일꾼인 줄 알아?"

그때 쿠슬미가 무릎을 탁 쳤다.

"그런 방법이 있었네? 인피니티한테 물어보면 되잖아. 역시 똑똑해. 괜히 수석 연구원이 아니라니까. 말더, 고마워!"

말더의 두 볼이 붉게 물들었다. 그냥 던진 말인데 난데없이 칭찬을 받으니, 얼굴이 빨개지고 마음이 울렁울렁해졌다. 이런 기분은 처음이었다.

말더가 몽글몽글한 기분에 빠져 혼란스러워하는 동안, 아우리온에서는 쿠슬미의 부탁으로 인피니티가 열심히 계산을 진행하고 있었다. 사랑엔스들의 생활 환경, 신체 특성, 문화 등 모든 변수를 종합해서, 사랑엔스가 변화한 원인을 찾아냈다.

인피니티의 계산은 한참 만에야 끝났다.

"계산 완료! 사랑엔스들이 비약적으로 발전한 원인은……."

아우리온 화면에는 딱 두 글자가 적혀 있었다. 우. 연.

"우연이라고? 그게 무슨 뜻이야?"

"말 그대로입니다. 사랑엔스들의 변화는 일종의 돌연변이에 의한 것으로 추측됩니다. 그러나 돌연변이가 발생한 정확한 원인은 계산 불가, 즉 우연입니다."

"말이 엄청 많아진 것도?"

"우연입니다."

"사자 신 같은 허무맹랑한 이야기를 지어내는 것도?"

"우연입니다."

반복되는 답변에 라세티가 버럭 성을 냈다.

"이것도 우연, 저것도 우연! 분석 결과가 너무 성의 없잖아! 그런 말은 나도 할 수 있겠다!"

"죄송합니다, 라세티 님. 그러나 사랑엔스들의 변화는 벼락을 맞거나 외계인을 만나서 생긴 것이 아닙니다. 뇌 기능이 현저히 발달하지도 않았습니다. 평소처럼 세포 분열 하는 과정에서 우연히 생긴 돌연변이 유전자가 사고방식을 변화시킨 것으로 보입니다."

빠다가 입을 열었다.

"애들아, 너무 의아하게 생각할 것 없다. 생명체의 진화는 수만 가지 이유로 일어나. 과학의 힘으로도 다 알아내기 힘든 게 당연하다. 지금 중요한 건 그게 아니야. 사고방식과 함께 이들의 생활이 어떻게 바뀌었는지가 중요하지. 언어가 발달한 덕분에 더 많은 정보를 공유하고 더 단단한 공동체를 꾸리게 된 건 물론이고, 사자 신이라는 상상의 이야기를 만들어 구성원들 사이의 결속을 끈끈하게 만들기까지……. 돌연변이 하나가 이런 결과를 만든 게 대단하지 않으냐?"

그 순간, 탐사대가 있는 동굴에 사랑엔스들이 들이닥쳤다.

"어휴, 애들 또 왔네. 이놈의 인기는 식을 줄을 모른다니까."

모처럼 편안하게 있던 라세티는 다시 허리를 꼿꼿이 세우고 사자 신 행세를 했다. 자신을 신으로 모시는 사랑엔스들의 기대를 저버리지 않기 위해서였다.

"그래, 이번엔 또 무슨 일로 왔는고? 어디 천천히 말해 보아라. 이 사자 신께서 다 들어 줄 테니!"

하지만 하누의 표정은 화가 잔뜩 나 있었다. 다른 사랑엔스들도 마찬가지였다. 사랑엔스들은 다짜고짜 라세티 몸에 주렁주렁 달린 장식을 모조리 떼어 내기 시작했다.

"어, 어? 왜 이래!"

사랑엔스들은 처음 라세티를 사자 신으로 떠받들 때처럼 이번에도 막무가내로 달려들어 탐사대를 옴짝달싹 못 하게 밧줄로 묶어 버렸다.

"갑자기 왜 이래? 도둑이라니? 아까는 사자 신이라며!"

"너는 사자 신이 아니다. 사자 신이라면 도둑질할 리가 없으니까!"

"도, 도둑질? 무슨 말이야? 내가 사자 신은 아닌 게 맞지만, 도둑질은 한 적 없다고!"

라세티가 억울해하며 호소했다.

"사자 신을 위한 상아가 몽땅 사라졌다!"

그리고 하누의 주름진 손가락이 한곳을 가리켰다.

"멍청한 하등 생명체 주제에 지금 날 도둑으로 모는 거야? 내가 그걸 왜 훔쳐? 그리고, 내가 훔쳤다는 증거 있어?!"

범인으로 지목된 말더가 빽빽거리며 악을 썼다.

하누는 콧방귀를 뀌었다.

"있다, 증거. 네가 훔치는 걸 봤다는 자가!"

"뭐? 그게 누군데? 나와 봐!"

"나다. 내가 봤다!"

도난 사건의 증인으로 나선 것은 다름 아닌 말마따였다.

말더는 말마따 얼굴을 보자 더욱 화가 나서 날뛰었다.

"이 바보들아, 저 녀석 말을 믿는 거야? 쟤는 매번 거짓말을 해서 마을에서도 쫓겨났다며? 그런데 또 쟤 말을 믿어?!"

상아가 사라진 건 사실이고 증인도 나왔으니, 말더가 모든 잘못을 뒤집어쓸 위기였다. 탐사대를 골탕 먹일 수 있을 줄 알았는데, 자신이 당하고 만 것이다. 말더는 고래고래 소리치고 바닥을 데굴데굴 구르며 결백을 주장했다. 말더의 모습이 진심으로 억울해 보이자, 라세티와 쿠슬미는 점점 말더와 말마따 중 어느 쪽의 말이 진짜인지 헷갈리기 시작했다.

"저렇게까지 하는 걸 보니 말더는 범인이 아닌가 본데?"

"그러게. 저게 연기면 상을 줘야 할 판이야."

그러나 평소 말더와 다툼이 잦았던 캔의 반응은 냉담했다.

"억울하긴 무슨! 범인은 말더가 맞아. 처음부터 상아를 탐냈잖아. 게다가 아까 말더가 상아 창고에서 나오는 걸 내가 봤다고."

말더가 잠시 놀라더니 이내 사실을 고백했다.

"그래! 상아 창고에 다시 들어갔던 건 사실이야. 하지만 잠깐 구경만 하고 나왔을 뿐이라고! 말마따가 날 모함하고 있는 거야. 녀석은 이 마을로 우리를 데려올 때부터 나를 마음에 안 들어 했잖아! 내가 자기네 사자 신이 세상에 존재하지 않는다고 말했다는 이유로 나한테 누명을 씌우는 거야!"

라세티는 말더의 말이 지어낸 것 같지 않았다.

"쿠슬미, 무슨 방법 없어? 말더도 이젠 우리 동료잖아."

155만 유튜브 채널 '사물궁이 잡학지식'과 LG유플러스 '아이들나라'가 만나 탄생한 대박 오리지널 콘텐츠!

기획 사물궁이 잡학지식
원작 아이들나라 | 13,000원

사소해 보여서 물어보지 못했던
★★ 궁금증 대방출 ★★

궁금한 건 나에게 물어봐~!

? 코를 자주 파면 정말 콧구멍이 커질까 ?
? 키가 크는 건 왜 보이지 않을까 ?
? 지금 먹은 음식은 언제 똥으로 나올까 ?

호기심과 질문이 가득한 아이들에게 추천하는
<사물궁이의 찾아라! 궁금이 카드>의 매력 포인트

이야기를 읽으며 느끼는 **질문의 기쁨!**

궁금증을 풀다 보면 **교양과 지식이 쏙쏙!**

남은 호기심도 탈탈 터는 **궁금증 상담소!**
가족, 친구들과 즐겁게 궁금증을 나눌 수 있는
특별한 궁금이 카드 수록!

일상에서 발견하는 호기심에 대한 100가지 에피소드!
U⁺tv와 모바일 아이들나라 앱에서 영상으로 만날 수 있어요.

세상에 사소한 궁금증은 없다구~!
- 사물궁이 잡학지식

Q. 코를 자주 파면 정말 콧구멍이 커질까?

코를 후빈다고 무조건 콧구멍이 커지는 것은 아니야.

한창 커 가는 어린이가
코를 자주 파면
근육이 자극을 받아서
콧구멍이 커질 수 있어.

그렇지만 몸도 코도 다 큰 어른은
아무리 코를 파도
콧구멍이 커지지 않는다는 사실!

Q. 꿈속에서는 왜 꿈인 것을 알아채지 못할까?

그건 뇌에 있는 '신피질'과 '해마'의 특징 때문이야.

신피질   해마

신피질과 해마는 서로 연결되어 있어.
신피질이 본 것을 해마가 저장하면
기억이 만들어지는 거야.

그런데 우리가 잠들면,
신피질과 해마의 연결이
약해지면서 뇌의 활동이
불안정해져.

[잠들었을 때]

신피질과 해마의 연결이 약하고
뇌 활동이 불안정하다.

아울북

그 순간 쿠슬미가 무언가 깨달은 듯 탄성을 질렀다.

"아! 그럼 확인해 보면 되잖아! 아까 상아 창고에 아무도 없을 때, 오라클은 계속 녹화 중이었거든. 여기에 진실이 담겨 있을 거야!"

"말마따, 이번에도 거짓말이다? 또 동료들을 속인 거냐?!"

하누가 매섭게 쏘아붙이자 말마따가 우물쭈물하며 들릴락 말락 작은 목소리로 사정을 늘어놓았다.

"그, 그게 그러니까…… 실은 뽀득 상아 마을 녀석들이 나를 겁줬다. 상아를 전부 훔쳐 오지 않으면 큰 싸움을 일으킨다고 했다. 우리 마을 동료들을 전부 해쳐 버리겠다고 했다!"

"뭐? 그 녀석들이 그랬다고?"

말마따의 고백에 마을 전체가 웅성거렸다.

상아를 가져오지 않으면 마을을 쑥대밭으로 만들겠다고 협박했다니! 두 마을은 서로 필요한 것들을 주고받는 아주 가까운 사이인데 어떻게 그런 흉악한 소리를 할 수 있단 말인가!

그때, 동굴 밖이 웅성거렸다. 하누와 마을 사랑엔스들이 나가 보니, 말마따를 협박했다던 옆 마을의 사랑엔스들이 서 있었다. 양손에 상아를 잔뜩 들고서.

방금 전 말마따의 이야기를 듣고 화가 머리끝까지 난 하누가 그들을 가로막았다.

"여길 오다니! 우리 상아를 다 훔쳐 가고 이제 싸움까지 하려고?!"

그러나 뽀득 상아 마을의 대장은 무슨 소리를 하는 거냐며 오히려 말마따의 말과 정반대의 이야기를 전해 주었다.

"사자 신 마을 동료들에게 상아들 돌려주러 왔다. 너희 마을 말마따가 이것들을 가지고 우리 마을에 찾아왔었다. 이것들 다 줄 테니 자기를 우리 마을 동료로 받아 달라고 했다."

"뭐? 말마따가?!"

"하지만 말마따의 거짓말은 우리 마을에도 소문났다. 우리, 말마따 거절한다. 우리는 사자 신 마을과 싸울 생각도 없다. 그럼 이만."

뽀득 상아 마을 사랑엔스들은 하누 앞에 상아를 한가득 쌓아 놓고 유유히 떠났다.

한순간 차가운 정적이 감돌았다.

"아, 아니, 그, 그러니까……. 진짜 그랬던 게 아니라 꿈에서 그랬었나? 헤헤……."

싸늘한 반응에 말마따의 멋쩍은 웃음은 금세 사그라들었다.

결국 거짓말쟁이 말마따는 사자 신 마을에서 영원히 추방되었다. 하누는 말마따의 잘못이 이미 다른 마을에까지 소문나서, 더 이상 말마따를 받아 줄 마을도 없을 거라고 말했다. 터덜터덜 멀어져 가는 말마따의 뒷모습을 보고 있자니, 라세티는 안타까운 마음이 들었다.

"꼭 쫓아내야 해? 잘못을 뉘우칠 때까지 벌을 줘도 되잖아."

그러나 하누는 딱 잘라 말했다.

"안 돼. 말마따는 마을을 위험하게 만들었다. 그런 녀석은 함께 있을 수 없다."

탐사대도 라세티를 달랬다.

"라세티, 어쩔 수 없어. 이게 모두가 어우러져 살기 위해서 사랑엔스들이 선택한 거니까."

진실이 밝혀진 후, 사랑엔스들은 탐사대에게 사과했다.

"미안했다, 가짜 사자 신. 너희를 도둑으로 오해했다."

"괜찮아. 그럴 수도 있지, 뭐."

이번엔 라세티가 말더에게 다가갔다.

"말더, 너를 잠시나마 의심해서 미안해. 바이크 열쇠 잘못 준 것도, 호호."

쿠슬미도 말더에게 사과를 건넸다.

"나도 미안. 라세티랑 캔한테 너에 대한 안 좋은 말을 많이 들어서 나도 모르게 너를 의심했네. 앞으론 잘 지내 보자고!"

캔만은 입을 꾹 다물고 아무 말도 하지 않았다.

그리고 한참 뒤에야 캔의 입에서 꾸물꾸물 말소리가 새어 나왔다.

"나도…… 미안……."

캔이 겨우겨우 꺼낸 어색한 사과에도 말더는 고집스럽게 캔을 돌아보지 않았다. 사실은 그게 새어 나오는 웃음을 참기 위해서였단 건 우리만의 비밀.

5화

사자 신의 전설

"하암~. 평범한 아우린은 이 마을에서 별로 할 일이 없네. 저녁은 언제 먹으려나? 잠깐 누워서 낮잠 자다 보면 시간이 되겠지?"

거추장스러운 장식품을 모두 떼어 낸 라세티가 한결 가뿐해진 마음으로 식사 시간을 기다리려는 때였다. 갑자기 새카만 돌 한 무더기가 탐사대 앞에 우르르 쏟아졌다.

"라세티, 캔, 쿠슬미, 말더. 이제 일해라. 사자 신이 아니라면 너희도 일해야 한다. 그래야 밥 먹을 수 있다!"

"너무해! 순식간에 이렇게 대접이 달라지다니!"

"내일은 그림자가 가장 길어지는 날이다. 오늘 준비를 다 하려면 모두가 함께 일해야 해!"

듣고 보니, 조금 전의 소동이 가라앉자 사자 신 마을의 사랑엔스들은 모두 각자의 역할을 하느라 바빴다. 힘이 세 보이는 사랑엔스들은 검은 연기 퐁퐁 마을과 교환해 얻은 커다란 검은 돌을 작게 쪼갰다. 노련한 사랑엔스들은 사냥감의 뼈에 붙은 고기를 깔끔하게 발라냈고, 손재주가 좋은 사랑엔스들은 이전에 봤던 뾰족한 뼈바늘로 옷에 구슬을 달아 치장하고 있었다.

그중에서도 눈에 띄는 건, 세심한 손놀림으로 상아를 조각하는 사랑엔스들이었다. 그들이 빚어낸 멋지고 정교한 조각은 캔의 마음을 사로잡았다.

"됐다! 치사해서 안 해! 그런다고 진짜 사자 신이 나타나는 것도 아닌데."

캔이 입술을 삐죽거리며 말했다. 그 소리를 듣고 옆에 있던 말더가 슬쩍 거들었다.

"그러게, 마을 앞에 세워 둔 조각상도 엄청 촌스럽더구먼."

"맞아! 그렇게 생긴 신이 어디 있냐?"

"내 말이 그 말이야."

둘의 대화를 들은 라세티가 실실대며 웃었다.

"어라, 너희 둘! 웬일이냐? 생각이 딱딱 맞는데?"

말더와 캔은 헛소리라며 버럭 소리쳤지만, 둘의 뺨은 어느새 발그레 물들었다.

쿠슬미는 사랑엔스들이 매우 아끼는 사자 신의 정체가 궁금해졌다.

"하누, 사자 신이라는 게 도대체 뭐야?"

하누가 몸에 지니고 있던 목걸이를 보여 주었다. 상아를 깎아 만든 사자 신 조각이었다.

"사자 신은 용맹한 전사. 우리가 배고프지 않게 사냥을 돕고 다치지 않게 지켜 주는 존재다."

"언제부터? 사자 신을 언제 알게 됐는데? 알려 줘!"

"음…… 좋아, 이야기를 다 들으면 일을 시작해야 한다!"

"그때부터 우리는 사자 신 조각을 항상 몸에 지니고서 사냥이 잘되길 기도한다. 그리고 그림자가 가장 길어지는 날마다 음식과 검은 돌 장식을 마을 앞 사자 신에게 바치면서 인사한다."

라세티는 옛날이야기에 푹 빠져 눈을 반짝였다. 용맹한 맹수로 변신하는 전사와 신비롭고 거대한 짐승의 대결이라니! 아우린들은 비과학적인 이야기를 잘 믿지 않는 데다가 척박한 환경 때문에 먹고살기 바빠서, 아우레에는 이런 허무맹랑한 이야기가 없었다. 그러나 매일 목숨을 걸고 사냥하는 지구 생명체들에게 이런 멋진 이야기를 만들어 내는 능력이 있다니! 라세티는 사랑엔스들의 상상력이 마음에 쏙 들었다.

"하누, 재미있는 이야기 또 없어? 또 해 줘, 또!"

그러자 부웃이 석판 하나를 들이밀었다. 그 위엔 어느 두 발 생명체의 형상이 그려져 있었다.

"하누, 바위 할머니 이야기를 해 줘라."

"바위 할머니? 그게 누군데?"

"우리 아이들을 보살펴 주고 마을 동료들을 많아지게 해 주는 할머니. 이건 내가 그린 거다, 후훗."

하누는 목을 가다듬고 다시 한번 이야기를 시작했다.

"사자 신이 이 세상에 태어나기 전, 언덕이 들판이고 시냇물이 물방울 같던 시절……."

하누의 이야기는 전부 녹화되어 아우리온으로 전송되고 있었다. 아우리온에서 이야기를 들으면서 빠다는 감탄했다.

"놀랍지 않으냐, 인피니티? 들으면 들을수록 신기해. 진실이 아닌 것을 진실이라고 믿을 수 있는 능력이라니!"

인피니티는 묵묵히 듣고만 있었다.

"지구 생명체는 참 흥미로워. 이들은 이성적 판단만을 중시하는 아우린들에게는 없는 것을 가지고 있어."

빠다가 지구 두 발 생명체의 새로운 가능성을 발견한 시점, 동굴에서는 라세티가 또 다른 이야기를 해 달라고 마구 졸라대고 있었다. 어느새 캔도 다음 이야기를 기다렸다.

쿠슬미는 부루퉁하게 서 있는 말더를 콕콕 찔렀다.

"말더, 사랑엔스들 이야기 엄청 재미있지 않아?"

"나 참, 저런 바보 같은 이야기를 온 마을이 믿고 있다고? 지구 생명체는 역시 하등 생물이군."

그러자 쿠슬미가 피식 웃었다.

"아까 사자 신 이야기 들으면서 신나 하는 거 이미 다 봤거든? 이제 와서 점잔 떨 필요 없다고!"

화르르, 말더 얼굴이 노을보다 더 붉게 물들었다.

그날 밤, 모닥불이 환하게 타는 소리와 하누의 이야기 소리가 사자 신 마을 동굴 안을 가득 채웠다.

모닥불의 온기가 가실 때쯤 아침이 밝았다.

탐사대가 밖으로 나와 보니, 사랑엔스들은 이미 분주하게 사자 신을 위한 장식품과 음식을 준비하고 있었다. 상아로 만든 흰 구슬들이 실에 꿰어져 예쁜 목걸이와 팔찌로 탈바꿈해 있었고, 검은 돌로 만든 도구들도 한가득 쌓여 있었다. 들판에서 가져온 예쁜 꽃과 달콤한 과일에 얼마 전 사냥한 커다란 짐승까지, 그야말로 진수성찬이었다.

"전부 마을 입구에 있던 사자 신 조각상에 바칠 건가 봐."

"라세티, 하마터면 네가 저 장신구를 다 차고, 저 음식을 다 먹을 뻔했어."

"히히, 장신구는 몰라도 음식은 다 먹어 줄 수 있는데. 쩝."

그 순간, 마을 입구에서부터 사랑엔스 하나가 고래고래 소리치며 달려왔다. 얼굴이 새하얗게 질린 게, 뭔가 심상치 않은 일이 벌어진 것 같았다.

"큰일 났다! 큰일 났다!"

"왜 그래? 무슨 큰일이냐?"

달려온 사랑엔스가 숨을 고르지도 못하고 말했다.

"큰일 났다! 사자 신이 쓰러졌다!"

"뭐?!"

사랑엔스들과 탐사대는 얼른 마을 입구로 달려갔다.

녀석의 말대로 사자 신 조각상은 산산조각이 나 바닥에 흩어져 있었다. 어제까지만 해도 멀쩡하던 조각상이 이렇게 망가지다니, 밤사이 무슨 일이 있었던 걸까?

한쪽에서 사랑엔스들이 수군대는 소리가 들렸다.

"사자 신에게만 걸 수 있는 장신구들을 라세티에게 해 줘서 사자 신이 화가 났다."

"저 보라색 녀석이 사자 신이 없다고 해서 벌을 준 게 아닐까?"

"저 녀석들이 상아를 함부로 다뤄서다!"

사랑엔스들이 보내오는 의심의 눈빛이 탐사대 뒤통수를 콕콕 찔렀다.

"애들아, 분위기가 뭔가 이상하다……. 또 우리를 범인으로 의심하나 봐. 우리 그냥 여기서 나가자, 응?"

그러나 도망치기엔 이미 늦었다.

사랑엔스들이 탐사대를 슬금슬금 에워쌌다.

"솔직히 말해. 너희가 사자 신을 이렇게 만들었냐?"

좁혀 오던 포위망을 뚫고, 말더가 서슴없이 조각상에 다가갔다.

말더는 부서진 사자 신 조각 앞에 쪼그리고 앉아 사자 신 조각상의 잔해를 이리저리 만져 보고, 킁킁 냄새 맡아 보고, 심지어 맛까지 보았다.

"말더, 너 뭐 해?!"

말더가 몇 번 쩝쩝거리더니, 뭔가 알아챘다는 듯 외쳤다.

"그게 이 사건의 진실이야."

말더의 놀라운 추리력 덕분에 사건은 맥 빠질 정도로 쉽게 해결되었다. 탐사대가 누명을 벗은 건 다행이었지만 부서진 사자 신 조각상을 돌이킬 방법은 없었다.

"하누, 그냥 조각을 다시 만들면 안 돼?"

하지만 하누의 어깨는 기운 없이 축 처졌다.

"안 돼. 코쿠가 있어야 한다."

"그게 누군데?"

"이렇게 커다란 사자 신을 만들 수 있는 건 코쿠뿐이다. 하지만 코쿠는 우리 곁을 떠나 땅속에 갔다. 이제 마을에는 커다란 사자 신을 만들 수 있는 자가 없다."

그러자 라세티가 나섰다.

"그럼 내가 만들어 줄게! 사자 신이 맞다고 맞장구친 것도 미안하고, 재미있을 것 같거든. 이래 봬도 나, 아우레에서는 손재주로 유명했다고."

라세티의 말에 하누는 놀란 듯 눈이 커지더니, 고민에 빠졌다.

사자 신을 조각하는 중요한 일을 마을 일원도 아닌 이들에게 맡기다니! 하지만 달리 방법이 없었다.

"음, 그럼 네게 맡기겠다!"

그러자 쿠슬미와 캔도 손을 들고 나섰다.

"아냐, 내가 만들래! 내 만능손 촉수의 능력을 보여 줄게!"

"무슨 소리야? 장식품이라면 이 캔 님의 전문이지. 내게 맡겨! 따꼼레이저로 완벽한 조각상을 만들어 줄 테니까."

"그러지 말고 너희 다 각자 만들어라. 가장 멋진 걸 세우면 된다."

그러더니 사랑엔스들이 탐사대에게 조각할 통나무와 날카롭게 깎은 돌을 하나씩 배달해 주었다. 처음엔 소극적이던 말더도 재료를 보자 투지가 활활 타오르는 모양이었다.

네 아우린들은 금세 자신만의 작품 활동에 빠져들었다. 손을 꼼지락거려 뭔가를 만들기 좋아하는 캔은 물론이고 여섯 개의 만능손 촉수를 지닌 쿠슬미, 땅파기 달인 라세티 그리고 예술에 관해서라면 자신이 최고라고 자부하는 말더까지.

뾰족한 돌이나 뼈만을 이용해 공예를 하던 사랑엔스들은 처음 보는 각종 도구들을 꺼내 들고 사자 신을 조각하는 아우린들을 흥미로운 눈으로 지켜보았다.

해 질 녘이 다 되어서야 아우린들의 새로운 사자 신 조각상이 모두 완성되었다.

"지금부터 누구의 조각이 가장 멋진지 확인하겠다!"

탐사대는 모두 어깨를 으쓱이며 각자 자기 조각이 가장 멋질 거라고 자랑했다. 말더만이 미련이 가득한 얼굴이었다.

"쳇, 시간이 부족했어. 형태를 좀 더 다듬어야 하는데……. 귀 부분도 부드럽게 갈아 줘야 하고. 완전히 엉망이야, 엉망!"

6화

낭만이 흐르는 밤

밤이었지만 둥근 달 때문에 동굴 밖은 낮이라고 해도 될 정도로 훤했다. 밖으로 나온 라세티는 배를 쓸면서 연신 하품을 해 댔다.

"하아아암~. 조각을 너무 열심히 했나 봐. 밥 먹은 게 벌써 다 소화돼 버렸어."

그런데 홀로 밤하늘을 올려다보는 이가 있었다.

"어이, 말더. 너 안 자고 뭐 해?"

대답이 없었다. 말더 얼굴은 완전히 울상이었다. 라세티는 말더 옆으로 가 나란히 섰다.

"말더, 얼굴 좀 펴. 이제 누명도 벗었는데 왜 그렇게 우울해 하고 있어?"

"그것 때문이 아니거든."

말더가 기운이 없는 건 자신을 배신한 부하들 때문이었다.

모두가 위기에 처했을 때, 말더 부하들은 자기들끼리만 지구를 떠나 버렸다. 믿었던 부하들의 배신에 생긴 상처가 틈만 나면 말더의 마음을 아프게 했다.

"어떻게 대장인 나를 버릴 수가 있냐고!"

"그러게, 그런 녀석들 말고 좀 더 믿을 만한 친구를 곁에 뒀어야지! 걔들은 네 부하가 되기 전부터 여기저기 아부하고 들러붙기로 유명한 녀석들이었잖아."

"그래도 지금까진 믿을 만했다고……."

라세티가 말더를 가만히 토닥여 주었다.

"걱정 마. 이제 우리가 있잖아. 나랑 캔이랑 쿠슬미가 친구가 되어 줄게. 절대 배신하지 않을 친구. 물론 빠다 관장님도! 이제 들어가서 자자."

말더를 데리고 들어가려는데, 마을 어귀의 어느 동굴에서 빛이 새어 나오는 게 보였다.

　빛에 이끌려 들어간 동굴 안에는 엄청난 광경이 펼쳐져 있었다.

　동굴 벽 한가득 그림이 메워져 있었는데, 사랑엔스들이 사냥하는 모습, 짐승들의 얼굴, 여기저기 찍힌 손바닥 모양, 그리고 의미를 알 수 없는 도형들이 가득했다. 낮에 있었던 사자 신제사 장면과 전날 말마따를 쫓아낸 일도 그림으로 표현되어 있었다. 그리고 한쪽에는……

　"엇, 여기에 있는 건 우리잖아? 말더, 이것 봐! 여기 너도 그려져 있어!"

말더도 어느새 우울했던 일은 다 잊고 그림 감상에 빠져들었다.

"와…… 이 동굴 전체가 네 일기장이구나!"

부웃이 고개를 끄덕이며 설명했다.

"사냥을 끝낸 동료들이 돌아오면 그들이 어떤 사냥감을 잡았는지 그린다. 옷 만드는 동료들이 어떤 옷을 만드는지, 식사 준비를 하는 동료들이 어떤 음식을 주었는지 그린다. 바로 이곳, '그윽한 장소'에 그림으로 모든 걸 기록하는 게 내 일이야."

"그윽한 장소?"

"응, 그윽한 장소. 그림 그릴 때 쓰는 진흙과 숯 냄새가 이 안에 그윽하게 나거든."

말더는 한 그림에 유독 흥미를 보였다.

사자를 여러 번 겹쳐서 그린 그림이었는데, 겹쳐진 그림을 계속 보고 있자니, 사자가 정말로 움직일 것만 같았다.

"흠, 이건 처음 보는 표현 기법이야. 이봐, 이건 왜 이렇게 그린 거냐?"

"그림은 멈춰 있지만 내가 그리는 것들은 움직인다. 그렇게 그리면 그림으로도 움직이는 모습을 보여 줄 수 있다."

자신이 그린 그림들을 바라보는 부웃의 눈에는 기쁨과 열정이 가득 차 있었다. 부웃은 정말로 그림 그리는 일을 좋아하고 자랑스러워하는 것 같았다.

그 모습을 지켜보던 라세티는 문득 궁금해졌다.

"그런데 부읏, 너는 마을의 모든 걸 그림으로 그리잖아. 그러면 너는 누가 그려 줘?"

부읏이 눈을 동그랗게 떴다. 그런 건 생각해 본 적 없다는 얼굴이었다.

"나는 아무도 안 그려 주는데."

"이히히, 그러면 우리가 널 그려 줄게. 이 동굴에 네 이야기도 기록해야지."

라세티와 말더가 숯을 받아 들고 동굴 벽에 슥슥 그림을 그리기 시작했다. 부읏은 처음으로 자신의 모습이 이 그윽한 장소에 기록된다는 사실이 부끄러우면서도 자랑스러워서, 살짝 멋진 자세를 취해 보았다. 그리고 잠시 후…….

한편, 탐사대가 머무는 동굴 안에서는 통신을 끝낸 쿠슬미가 라세티와 말더를 기다리고 있었다. 한참을 기다려도 돌아오지 않자 쿠슬미는 걱정이 되었다. 쿠슬미는 세상 모르게 쿨쿨 자고 있는 캔을 깨웠다.

"캔, 일어나 봐. 라세티와 말더가 사라졌어. 캔!"

"으음……. 쿠슬미, 나 피곤하다고……. 뭐? 누가 사라져?!"

캔의 눈이 번쩍 뜨였다.

"서, 설마 사자 신한테 잡혀간 거 아냐?"

"참 내, 사자 신 같은 건 없다고 할 땐 언제고? 따라와. 라세티를 찾으러 나가 보자."

쿠슬미와 캔은 동굴 밖으로 나왔다.

보름달이 사방을 낮처럼 환하게 비추는 푸른 밤이었다.

들판의 초록색 위에 쿠슬미와 캔의 그림자가 선명하게 새겨졌고, 하늘에는 별들이 총총했다. 어딘가에서 짐승의 긴 울음소리가 울렸다.

"어쩐지 으스스한데……."

"으스스하긴 뭘. 고요하고 멋진 밤인데."

그때 쿠슬미와 캔의 귀를 간질거리듯 어떤 소리가 들려왔다.

높았다가 낮았다가, 느렸다가 빨랐다가 자유자재로 변화하는 음색에 둘의 발걸음이 저절로 그쪽으로 끌렸다.

"이럴 시간 없어. 필릴리한테 라세티를 봤나 물어봐야지!"
"쉿!"
쿠슬미는 필릴리의 뒤, 떨어진 곳에 자리를 잡고 앉았다. 캔도 마지못해 옆에 앉았다.
동그란 보름달 아래에서, 필릴리는 누가 듣고 있는 줄도 모르고 긴 막대기 같은 악기를 연주했다. 마치 딴 세상에 있는 것 같았다. 그 소리가 푸른 밤하늘의 별들을 달래듯 퍼졌다.

드디어 필릴리의 연주가 끝났다.

짝짝짝짝짝짝.

박수 소리에 깜짝 놀란 필릴리가 뒤를 돌아보자, 지구의 피리 연주에 빠진 쿠슬미가 환한 미소를 짓고 있었다.

"너희, 언제부터 있었냐?"

"필릴리, 정말 감동적이야. 아름다운 소리였어."

쿠슬미의 칭찬은 진심이었다. 연주를 들으면서 몇 번이나 눈물을 흘릴 뻔했으니까. 그러나 캔에게 필릴리의 연주는 그저 삑삑 소리 정도였을 뿐, 쿠슬미의 후한 평가를 이해하지 못했다.

"저게 아름답다고? 그냥 소리일 뿐인데."

"무슨 말이야? 아우리온에서 나는 기계음이랑은 완전히 다른데. 마음이 울렁울렁하잖아. 필릴리, 어떻게 이런 연주를 해?"

"귀한 것을 생각하면서 불면 돼. 그러면 연주에 귀한 마음을 담을 수 있다."

귀한 것? 쿠슬미는 필릴리가 말한 그 '귀한 것'이라는 게 무엇인지 알쏭달쏭했다.

'아까 관장님이 두 발 생명체에게는 풍요가 중요하다고 했으니, 이들에게는 사냥감이 귀한 것이려나?'

하지만 왠지 사냥감을 생각하며 연주한다고 해서 그런 아름다운 소리가 날 것 같지 않았다.

결국 캔의 참을성이 바닥나 버렸다.

"이것도 아니고 저것도 아니면, 네가 말하는 그 귀한 것이 대체 뭔데?"

"그건……."

필릴리는 대답을 하다 말고 저도 모르게 흐뭇한 표정을 지었다. 얼굴은 헤벌쭉해지고 입가에는 미소가 스멀스멀 피어오르는 것이, 그 '귀한 것'을 생각하는 모양이었다.

"내 귀한 것은……."

그때, 바스락 풀 밟는 소리가 들렸다.

예쁜 꽃을 꽂은 사랑엔스, 클라리였다. 클라리는 방긋 웃으며 필릴리에게 다가왔다. 클라리를 바라보는 필릴리의 얼굴이 목 아래까지 새빨갛게 물들었다. 몸은 가만있지 못하고 배배 꼬였다. 쿠슬미는 그제야 필릴리의 귀한 것이 뭔지 눈치챘다.

뭐? 낭만? 낭만 하니까 생각났는데, 너 전에 내 메모리 칩 가지고 놀다가 데이터의 반을 삭제했었지?

"클라리? 쟤가 귀한 것이라고? 왜? 쟤는 그…… 읍!"

쿠슬미가 얼른 수다쟁이 캔의 팔을 촉수로 휘감아 잡고서 동굴 쪽으로 마구 달렸다.

"어휴, 캔 너는 당최 낭만이라는 걸 모른다니까. 눈치도 없고 말이야! 우리는 저 둘만 있게 비켜 주자고!"

삐리리~.

지구의 들판에 다시 한번 아름다운 연주가 울려 퍼졌다. 밤이 깊어 갔다.

에필로그

새로운 탐사대장 인피니티?

캔의 탐사일지

어휴, 자다 깨서 정신이 하나도 없네.

하필이면 이때 깨울 게 뭐야?

말더 코를 납작하게 눌러 주는 아주 좋은 꿈을 꾸고 있었는데!

뭐, 예전만큼 말더를 미워하는 건 아니지만….

지내 보니 말더도 그렇게 나쁜 녀석은 아닌 것도 같고 맞는 것도 같고….

어쨌거나, 우리는 네안에나들을 내려 준 뒤에,

말더의 안내에 따라 이곳까지 이동했어.

네안에나의 고향에서도 가까워!

위험도 높음! ●●●○

말마따가 맨손으로 잡았다고 떠들고 다니던 동물의 이름은 **털코뿔소**야.
털코뿔소에겐 길고 짧은 두 개의 뿔이 각각 눈 사이와 코끝에 있는데, 그중 긴 뿔은 무려 1미터가 넘는다고 해.
털코뿔소에 관해 재미있는 이야기가 있어! 1335년에 오스트리아에서 털코뿔소의 두개골이 발견되었는데, 지구인들이 이걸 보고 용의 두개골이라고 생각했다는 거야.
또 예로부터 시베리아의 원주민들은 녀석의 뿔이 '그리폰'이라는, 머리는 독수리고 몸통은 사자인 전설 속 새의 발톱이라고 믿기도 했대.
말마따의 모험담만큼이나 믿기 힘든 소리지?

털코뿔소의 두개골 화석.
너희도 용처럼 보여?

위험도 보통! ●●○○

염소도 말마따 이야기에 아주 잠깐 등장했었지!
염소 중에는 뿔이 뒤로 크게 휘어진 녀석도 있고, 배배 꼬인 녀석도 있고, 위로 쭉 솟은 녀석도 있어서 뿔 구경하는 재미가 쏠쏠해.
녀석의 또 다른 특징은 바로 눈동자의 모양이야. 지구인들은 검은자가 동그랗지?
그런데 염소의 검은자는 가로로 긴 네모 모양이야! 초식 동물 중엔 이런 경우가 꽤 많아. 더 넓은 시야로 포식자의 접근을 빨리 알아채기 위해서래.

어때,
정말 네모나지?

위험도 낮음! ●○○○

바로 여기 **말사슴**이 사자 신 마을 입구에 있던 조각상을 넘어뜨린 범인들이야.
붉은 털 때문에 '붉은사슴'으로도 불리지.
수컷 말사슴의 이마에는 나뭇가지처럼 뻗은 뿔이 자라는데, 이 뿔은 매년 봄에 서서히 자라고 겨울이 되면 뿔을 감싼 껍질이 벗겨지면서 떨어지게 돼.
뿔은 최대 1미터가 넘게 자랄 수 있다고 하는걸!

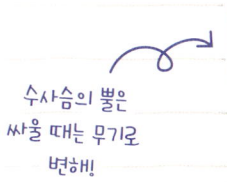
수사슴의 뿔은 싸울 때는 무기로 변해!

©gettyimagesbank

위험도 보통! ●●○○

부엇의 벽화 속에 있던 **유럽들소**의 모습, 너희도 찾았어?
유럽들소는 2미터 정도 되는 키에 몸무게가 600~900킬로그램까지 나가는데, 현재까지 유럽에 살고 있는 육상 동물 중에서 가장 무거운 동물로 꼽혀.
거대한 몸집 덕분에 늑대나 불곰 같은 맹수를 빼면 천적이 없을 정도지.
유럽들소는 부엇의 벽화뿐만 아니라 정말 많은 예술품에 등장하는, 지구인들에게 역사적으로 아주 중요한 존재야.
그래서 지구인들은 세계적으로 1만 마리도 남지 않은 유럽들소를 보호하기 위해 열심히 노력하고 있어.

©gettyimagesbank

호모 사피엔스

만난 시기: 4만 년 전   뇌 용적: 약 1,450cc

이번에 만난 호모 사피엔스들은 이전보다 더 다채로운 문화 속에 살고 있었지.
지구 과학자들은 이들의 사고방식에 변화가 있었기 때문이라고 설명해.
어느 순간부터 두 발 생명체들이 이전과는 완전히 다르게 생각하기 시작했다는 거야.
약 7만~3만 년 전, 호모 사피엔스의 사고방식과 의사소통이 확 변한 이 사건을
인지 혁명이라고 불러.
인지 혁명 덕분에, 호모 사피엔스들은 주변 세계의 객관적인 사실뿐만 아니라
상상 속의 세계까지 풍부하게 표현할 수 있게 됐어.
무슨 말인지 잘 모르겠다고?

인지 혁명 이전

인지 혁명 이후

둘 다 똑같은 호모 사피엔스인데도 사자를 보고 하는 생각이 다르지?
인지 혁명 이전의 호모 사피엔스가 사자에 관해 정직하게 묘사한 것과는 다르게,
인지 혁명 이후의 호모 사피엔스는 거기다 '나쁜 짓을 하면' 사자가 잡아간다는
가상의 이야기를 덧붙였잖아.
간단한 차이 같지만, 이 변화는 인류 역사에 어마어마한 영향을 주었어!
인지 혁명이 어떤 결과를 불러일으켰는지 한번 보여 줄까?

인지 혁명의 결과 ①
쑥덕쑥덕, 꼬리를 무는 소문

빠다 관장님이 두 발 생명체들의 언어가 발달했다고 이야기한 거 기억나?

그 말처럼, 이번에 만난 녀석들은 말이 정말 많았어.

이전보다 언어가 더 자유롭고 유연해져서, 훨씬 복잡하고 다양한 표현을 할 수 있게 되었거든. 그 덕에 엄청난 양의 정보를 주고받으며 문화를 발전시키고, 100명이 넘는 거대한 무리를 이루게 됐어.

여기서 주목할 것은 바로 **소문**의 등장이야.
사실은 그것도 호모 사피엔스들의 생존 전략이거든.
무리가 작을 때는 서로가 서로를 잘 알고, 함께 중요한 결정을 하기도 쉬워.
그런데 무리가 커지면 서로 잘 모르는 이들이 많아지고, 모두가 한자리에 모여 의논하는 시간을 갖기도 힘들지.
바로 그때 소문이 필요한 거야.
소문은 집단에 도움을 주지는 않으면서 자신은 이득을 취하려고 하는
'무임승차자'를 걸러 내 주거든.
매번 거짓말로 남을 속이면서
사냥에서는 쏙 빠지던 말마따를 봐.
옆 마을에까지 잘못이 낱낱이 알려져서 결국 쫓겨났잖아.
게다가 소문을 이야기하다 보면 별로 친하지 않았던 이들 사이에도 친밀감이 생겨서, 무리를 더 끈끈하게 유지할 수 있었대!

인지 혁명의 결과 ②
허구를 믿는 능력

거대한 무리를 한마음으로 만드는 방법이 하나 더 있어.
바로 허구를 믿고 말하는 능력이야.

허구는 '실제로는 없는 일을 사실처럼 꾸며 말한다'
즉 상상력을 발휘해서 실제로 존재하지
않는 것을 마치 실제처럼 생각하는 걸 말해.
다른 사람에게 피해를 줄 수도 있는 거짓말과는 조금 다른 개념이지.

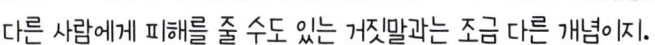

사자 신 전설은 허구의 이야기야. (설마… 진짜 믿었어?)
하지만 사자 신 마을의 호모 사피엔스들은 전설을 진짜처럼 믿고
'그림자가 길어지는 날엔 제사를 지낸다'는 마을의 규칙에 따라
함께 제사를 위해 준비하고 일하지.
다른 마을들도 마찬가지야.

그늘 통나무 마을은 나무 신에게 기도를 올리고,
검은 연기 퐁퐁 마을은 검은 연기 산으로부터 검은 돌을 선물받잖아.
과학적으로 보면 진실이 아닌데도, 호모 사피엔스들은 그걸 온 마음으로 믿고
그렇게 정한 규칙에 따라 질서 있는 공동체를 꾸려 가는 거야.

혹시 바보 같다고 생각해? 하지만 허구의 힘은 오히려 현대에서 훨씬 강한걸!
너희가 쓰는 만 원짜리 지폐도 결국엔 가치가 있다는 규칙이 덧씌워진
종잇조각에 불과하단 말씀! 어때? 허구라는 거, 생각보다 더 대단하지?

인지 혁명의 결과 ③
찬란하게 꽃피운 문화

인지 혁명 덕분에 이 시기엔 독특한 상상력이 더해진 유물과 유적이 정말 많아.
그중 몇 가지만 소개해 줄게. (말더도 눈독 들일 정도로 멋진 것만 골랐다고!)

믿음의 힘, 숭기르 유골

러시아 숭기르라는 곳에서 약 3만 년 된 세 명의 유골이 발견됐어.
성인 남성 한 명과 어린이 두 명이었지. 학자들은 이 셋이
종교 지도자거나, 종교 의식으로 희생되었을 거라고 생각하고 있대.
이들의 몸과 옷은 2,900개가 넘는 상아 구슬로 장식되어 있었어.
여기에 쓰인 상아 구슬을 전부 완성하려면 무려 3,000시간,
그러니까 125일이 필요하다는 계산이 나와!
하루 먹을 식량 구하기도 힘든 두 발 생명체가 이만큼의 시간을
투자한 건, 그만큼 간절히 이루고 싶은 소원이 있어서였을까?

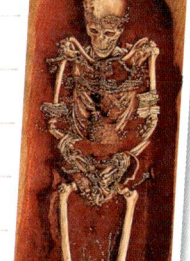
©Don Hitchcock

성인 남성 유골인 숭기르1의 별명은 '추장'이야.

삐리리~ 고대 지구에 흐르는 음악

사실 악기는 보기보다 훨씬 복잡한 도구야.
아주 단순한 뼈 피리를 만들 때조차 그 동물을 사냥하는 법부터
피리 만드는 법, 또 그걸 연주하는 법까지, 엄청난 지식이 필요하거든.
음악에 대한 학자들의 의견은 크게 둘로 갈려.
한쪽은 음악이 그저 뇌를 즐겁게 하는 용도일 뿐이라 말하고,
한쪽은 음악이 유대감을 키우고 인지 발달을 돕는,
진화의 필수품이라고 보지. 너희에겐 음악이 어떤 의미니?

©Thilo Parg / Wikimedia Commons

독일 가이센클뢰스토를레에서 찾은 가장 오래된 뼈 피리. 4만 년도 더 됐대!

간절한 기도를 담아, 호모 사피엔스의 조각들

반은 지구인, 반은 사자? 슈타델의 사자 인간

독일 슈타델 동굴에서 사자의 얼굴에 호모 사피엔스의 몸을 가진 약 4만 년 전의 조각상이 발견됐을 때, 지구인들은 충격에 빠졌어. 지구인 모습의 조각이나 동물 모습의 조각은 있었어도, 그 둘을 반씩 섞은 조각은 처음이었거든.

호모 사피엔스들에게 포식자인 사자는 두려우면서도 대단한 존재였을 거야. 그래서 사자를 신처럼 받들고, 그에 대한 믿음을 표현하는 의미로 사자 인간 조각을 깎은 게 아닐까?

(이렇게 동물이나 식물, 자연을 숭배하는 종교를 '애니미즘'이라고 해.)

다산과 풍요의 상징, 비너스 조각

현재까지, 여성을 본뜬 조각상은 유럽과 아시아 전역에 걸쳐 수십 개나 발견됐어. 지구에서는 이 조각들을 미의 여신 비너스에 빗대어 비너스 조각이라고 부르는데, 대부분 작은 머리에 커다란 가슴과 하체를 지녔지. 호모 사피엔스들은 왜 이렇게 비너스 조각을 많이 만든 걸까?

가장 흔한 해석은 다산과 풍요를 기원하는 용도라는 거야. 비너스 조각을 깎으며 아이들이 많이 태어나고 무리가 번성하길 빈 거지.

최근에는 여성 호모 사피엔스의 자화상이라는 관점도 등장했어. 스스로 몸을 내려다봤을 때의 모습을 그대로 표현했다는 해석이야. 또, 비너스 조각이 걱정을 없애 주는 부적 같은 용도라고 보는 학자들도 있대.

홀레 펠스의 비너스. 약 3만 5천 년 된, 가장 오래된 비너스야.

더욱 생생하게! 동굴 벽화의 진화

지구인들은 아주 오래전부터 그림을 그렸어. 그중 동굴이나 돌에 그린 그림들은 수만 년이 지난 지금까지 남아 있지.

인지 혁명 이전의 벽화들은 추상적인 형태가 많았어. 점을 그리거나, 선을 긋거나, 손 모양을 찍은 게 흔했지.

그런데 인지 혁명 이후부터는 섬세하고 사실적인 묘사와 역동적인 움직임이 눈에 띄게 많아졌어. 프랑스 쇼베 동굴의 벽화를 보면 단박에 느껴질걸!

사냥한 것을 기록하고, 다음에도 좋은 결과가 있기를 빌며!

©Claude Valette / Wikimedia Commons

쇼베 동굴에는 적어도 13종의 동물을 그린 약 3만 년 전의 벽화가 수백 점이나 있어. 게다가 보통 벽화에서 많이 보이는 소, 말 같은 초식 동물뿐만 아니라, 동굴사자나 표범 같은 육식 동물이 그려져 있어 의미가 큰 유적이지.

이곳 벽화의 가장 큰 특징은 연속적인 장면을 이어 그렸다는 점이야.

지구인들이 '애니메이션'이라는 걸 만들 때, 캐릭터의 움직임을 아주 조금씩 바꿔 가면서 한 컷 한 컷 그리잖아.

그걸 생각하고 위 벽화를 한번 봐 봐. 조금씩 움직이는 맹수 얼굴 그림을 들여다보면 자연스럽게 앞으로 나아가는 맹수 모습이 떠오르지 않아?

아무리 뇌가 크고 불과 도구를 쓸 수 있어도, 두 발 생명체는 그동안 지구 역사의 중심이 되지는 못했어.
매일 무서운 포식자들에게서 도망쳐야 했고, 사냥은 아주 가끔 힘들게 성공했지.
그러던 그들이 순식간에 상위 포식자가 된 건 모두 인지 혁명 덕분이야!

이렇게 대단한 인지 혁명이 어쩌다 일어나게 됐냐고?
어느 날 아주 우~연히 호모 사피엔스에게 **돌연변이 유전자**가 생겼고,
또 그 돌연변이 유전자가 마침 **뇌의 사고방식을 바꾸었기 때문**이지.

유전자 돌연변이는 생각보다 특별한 일이 아니야.
평소에도 지구인의 몸속에서 유전자 복제가 일어나다 보면, 백만 번에 한 번꼴로 유전자 돌연변이가 일어난다고 해. 그 원인도 매우 다양하고 말이야.
그래서 인지 혁명을 일으킨 돌연변이 유전자가 정확히 뭔지는 아우레의 기술로도 알아낼 수 없지만, 중요한 건 인지 혁명이 인류 역사를 완전히 뒤흔들어 놨고, 앞으로도 그럴 거라는 거지.
인지 혁명이 막 일어난 지금도 놀라운데, 앞으로는 또 어떤 새로운 것으로 우리를 놀라게 하려나?

헉, 갑자기 무서운 생각이 들었어.
다음 세대 호모 사피엔스들이 아우레보다 더 대단한 문명을 세우고
온 우주를 정복하려고 하면 어쩌지?
설마 그런 일이 일어나진 않겠지…?

참, 지금 그게 문제가 아니지!
인피니티 녀석, 이번엔 또 무슨 소란을 피우려는 거야?
자기가 직접 쿠를 찾아 주겠다니, 웃기는 소리!
지금까지 제일 방해한 게 누군데?

흥, 그렇게 자신만만하면 한번 해 보셔.
쿠를 찾을 수 있을지 없을지, 돌격대장의 명예를 걸고 지켜볼 테니까!
얘들아, 너희도 증인이 되어 줄 거지?

다음 모험에도 꼭 함께해 줘!

정재승의 인류 탐험 보고서

7 수군수군 호모 사피엔스

글 차유진 정재승
그림 김현민
감수 백두성
사진 Don Hitchcock, getty images bank, Wikimedia Commons

1판 1쇄 인쇄 2023년 11월 10일
1판 1쇄 발행 2023년 11월 22일

펴낸이 김영곤 펴낸곳 ㈜북이십일 아울북
융합1본부장 문영 기획개발 정유나 융합1팀 김미희 오경은 이해인 디자인 한성미
아동마케팅영업본부장 변유경 아동영업팀 강경남 오은희 김규희 황성진 양슬기
아동마케팅1팀 김영남 황혜선 이규림 정성은 손용우 아동마케팅2팀 임동렬 이해림 최윤아
제작 이영민 권경민

출판등록 2000년 5월 6일 제406-2003-061호
주소 (10881) 경기도 파주시 회동길 201(문발동)
대표전화 031-955-2100 팩스 031-955-2177
홈페이지 www.book21.com

ⓒ 정재승 · 김현민 · 차유진, 2023
이 책을 무단 복사 · 복제 · 전재하는 것은 저작권법에 저촉됩니다.

ISBN 978-89-509-9656-7 74400
ISBN 978-89-509-9649-9 74400 (세트)

책값은 뒤표지에 있습니다.
잘못 만들어진 책은 구입하신 서점에서 교환해 드립니다.

- 제조자명 : ㈜북이십일
- 주소 및 전화번호 : 경기도 파주시 문발동 회동길 201(문발동) / 031-955-2100
- 제조연월 : 2023.11.22.
- 제조국명 : 대한민국
- 사용연령 : 3세 이상 어린이 제품

너와 나, 우리들의 마음을 이해하게 도와줄
첫 번째 뇌과학 이야기
정재승의 인간 탐구 보고서 (1~12권)

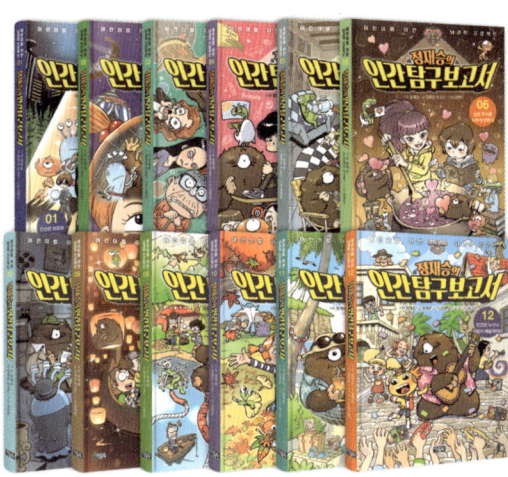

❶ 인간은 외모에 집착한다
❷ 인간의 기억력은 형편없다
❸ 인간의 감정은 롤러코스터다
❹ 사춘기 땐 우리 모두 외계인
❺ 인간의 감각은 화려한 착각이다
❻ 성은 우리를 다르게 만든다
❼ 인간은 타고난 거짓말쟁이다
❽ 불안이 온갖 미신을 만든다
❾ 인간의 선택은 엉망진창이다
❿ 공감은 마음을 연결하는 통로
⓫ 인간을 울고 웃게 만드는 스트레스
⓬ 인간은 누구나 더없이 예술적이다

인류의 과거와 현재를 이어 줄
아우린들의 시간여행!
정재승의 인류 탐험 보고서 (1~7권)

호미닌들의 발자국을 따라,
고대의 시간을 탐험해 보세요!

❶ 위대한 모험의 시작
❷ 루시를 만나다
❸ 달려라, 호모 에렉투스!
❹ 화산섬의 호모 에렉투스
❺ 용감한 전사 네안데르탈인
❻ 지구 최고의 라이벌
❼ 수군수군 호모 사피엔스